롱텀 데이트레이딩

롱텀 데이 트레이딩

The Long-Term Day Trading

마이클 신시어/데론 와그너 지음

형선호 옮김

사과나무

옮긴이 **형선호**

서울대학교 사회대학을 졸업하고 대우그룹과

현대그룹에서 근무했으며, 영어강사를 거쳐

현재 전문 번역가로 일하고 있다.

옮긴 책으로 「부자 아빠 가난한 아빠」 「바이블 코드」

「월가 큰손들의 투자 비밀」 「하락장에서 큰돈을 벌어라」 등이 있다.

1판 1쇄 인쇄 2002년 10월 20일

1판 1쇄 펴냄 2002년 10월 25일

지은이 마이클 신시어/데론 와그너

옮긴이 형선호

펴낸곳 도서출판 사과나무

펴낸이 권정자

본문·표지 디자인 프리즘

등록 1996년 9월 30일(제11-123)

경기도 고양시 행신동 샘터마을 301-1208

전화 (031) 978-3436

팩스 (031) 978-2835

e-메일 saganamu@chollian.net

값 10,000원

ISBN 89-87162-51-6 03320

차례

Foreword 책머리에 6

One 획기적인 투자 기법-롱텀 데이트레이딩 17

Two 단기 거래에서 꼭 지켜야 할 규칙들 43

Three 성공적인 단기 거래인들과의 인터뷰 163

Four 결론 : 생각의 정리 253

Foreword
책머리에

나는 장기적인 투자의 중요성을 거의 종교적인 믿음으로 나에게 가르친 주식 중개인들의 가정에서 자라났다. 그러나 얼마간의 시간이 지난 후에야 나는 단기적인 거래로도 돈을 벌 수 있다고 믿게 되었다. 내가 아는 사람들은 사고팔고를 거듭하면서 다양한 성공을 거두었지만, 나는 뮤추얼 펀드를 포함한 내 투자들의 가치가 점점 더 커지는 것을 지켜보았다. 그것은 너무 쉬워서 거의 당혹스러울 정도였다.

그럼에도 불구하고 나는 종종 내 장기적인 투자를 무색하게 만드는, 아주 성공적인 단기 거래인들을 만나곤 했다. 나는 그들이 150% 수익과 200% 수익을 실현시키는 사례들을 보았다.

웬디 밀리라는 33세의 캘리포니아 여성은 변호사 생활을 그만두고 주식 거래를 한 지 일년만에 5천 달러를 25만 달러로 불렸다. 많은 사람들처럼 나도 단타 매매자들을 좋지 않게 묘사하는 언론의 보도를 믿었다. 하지만 그들 중의 많은 사람들은 자신들이 정말로 좋아하는 것을 하며 조용히 삶을 영위하는 정직하고 근면한 사람들이었다.

단타 매매에 관한 몇달 동안의 조사와 훈련을 마친 후에, 나는 '단타 매매(day trading)'의 진정한 뜻에 대해 많은 혼란이 있다고 결론 내렸다. 월가의 많은 사람들은 주식 중개인을 거치지 않는 사람은 누구나 단타 매매자(day trader)라고 생각한다. 많은 금융 분야 기자들은 그렇게 잘못된 개념을 고치지 않은 채, 사용하는 전략에 상관없이 단기적인 거래인들 모두를 단타 매매자라고 잘못 표현한다.

(이 책에는 long-term investor, short-term trader, day trader라는 말이 등장한다. 이것을 각각 장기적인 투자가, 단기적인 거래인, 단타 매매자라고 번역한다. 정확하게 말하면 day trader는 '일일 거래인'이 되어야 하지만, 우리나라에서는 이것을 보통 '단타 매매자'라고 부르기 때문에, 어쩔 수 없이 short-term trader는 그대로 '단기 거래인', day trader는 '단타 매매자'라고 번역하기로 한다. —옮긴이)

나는 단타 매매 전략이 투자의 전략만큼이나 많다는 점을 알게 되었다. 이것들에 대해서는 나중에 자세히 거론하겠지만, 단타 매매(day trading)의 전략 중 가장 어려운 것은 초단타 매매(intra-day trading)이다. 이것은 몇 시간, 심지어 몇분만에 수십 가지 주식들을 사고팔아 겨우 1/16이나 1/8포인트의 수익을 올리려는 전략이다. 언론에서 말하는 단타 매매는 대개 초단타 매매를 가리키는 경우가 많다.

그러나 많은 단타 매매자들은 여러 가지 단기적인 전략들을 결합해 사용하는데, 여기에는 초단타 매매부터 스윙 거래(swing trading

—주식을 하루 내지 5일 동안 보유하지만 훨씬 더 큰 수익을 노리는 것)까지 다양하다.

예를 들어, 연간 1000%의 수익을 올린 웬디 밀리라는 여성은 대체로 하루에 한번 이상의 거래를 하지 않고 주식을 며칠 동안 보유한다. 그녀는 초단타 매매와 스윙 거래 모두를 사용한다.

또 다른 예는 이 책의 공저자인 데론 와그너인데, 이 노련한 단기 거래인은 다양한 단타 매매 전략을 사용해 시장에서 돈을 번다. 그는 하루에 몇번의 거래만을 하지만 그것들을 세심하게 관찰한다. 그는 거래보다 주식을 분석하는 데 더 많은 시간을 보내는데, 이것은 그의 성공 비결 중 하나일 것이다. 데론은 성공 가능성이 가장 큰 거래 기회들만 포착하며 나머지는 모두 무시한다. 데론의 전술에서 가장 흥미로운 것은 그의 전략들은 호황과 불황 시장 모두에서 먹혀든다는 점이다. 언젠가 오게 되는 불가피한 불황 시장이 찾아올 때, 겁에 질린 투자가들은 주식을 처분한다. 바로 이때 많은 단기 거래인들은 깨끗이 뒤처리를 한다.

당신은 이 책의 제목이 모순된다고 생각할지도 모른다. 어떻게 장기적인 투자가이면서 단타 매매자가 될 수 있단 말인가? 하지만 알고 보면 간단하다. 내 포트폴리오의 대다수는 우량 주식, 뮤추얼 펀드, 그리고 인덱스 펀드에 안전하게 투자되어 있다. 그와 동시에 나는 내 포트폴리오의 일부를 이 책에 소개된 단기적인 전략들을 사용해 공격적으로 주식을 사고 파는 데 사용한다.

당신은 단기적인 거래인의 전략을 사용해 돈을 벌 수 있을까? 누가 성공할 것인지 예측할 수 있는 길은 없다. 하지만 나는 이 점을 안다. 즉, 이 책을 읽은 후에 당신의 투자 방법이 바뀔 것이다. 어쨌거나 당신은 하나의 투자 전략에만 집착할 필요가 없지 않은가? 양쪽 진영의 지지자들 모두 돈을 버는 열쇠를 갖고 있다고 주장하며, 그 같은 주장은 모두 맞는 것이다. 당신은 장기적인 투자로도 돈을 벌 수 있고 단기적인 거래로도 돈을 벌 수 있다. 당신은 시간의 시험을 거친 전형적인 장기 투자가의 전략을 단기 거래인의 전략과 결합시킬 때 우리가 말하는 "롱텀 데이트레이더"가 된다. 우리는 여러 달 동안의 조사, 분석, 그리고 다른 거래인들과의 대화를 거친 후에 이 전략을 만들어냈다.

이 책에서 당신은 어떻게 기술적인 분석을 강조하는 단기 매매 전략을 사용해 투자 수익을 올리는지 보게 된다. 이 책의 저자들은 각각 전통적인 장기 투자가와 전문적인 단타 매매자이기 때문에, 당신은 양쪽 관점 모두의 장점을 얻을 수 있게 된다.

기본적으로 이 책은 단타 매매에 익숙지 않은 장기 투자가를 위한 책이지만, 단타 매매의 경험자들도 투자 요령과 조언을 얻을 수 있을 것이다. 이 책은 특히 초단타 매매 전략으로 재미를 보지 못한 사람들에게 유용할 것이다. 전문적인 초단타 매매 전략들은 사람들이 생각하는 것보다 훨씬 더 어렵다. 당신도 알겠지만, 대부분의 초단타 매매자는 일년 동안의 거래 후에 수익을 올리지 못한다. 우리는 이 책에 소개된 일부 전략과 전술들이 단타 매매의 초보자들에게 큰 도움이 되기를 바란다.

이 책의 1장에서는 "롱텀 데이트레이딩"에 입문하는 법을 대략적으로 소개한다. 우리는 당신에게 필요한 컴퓨터 장비와 투자 전략들의 결합을 사용해야 하는 필요성에 대해 얘기한다. 우리는 누구든지 '장기적인 단타 매매(롱텀 데이트레이딩)'를 사용해 상당한 수익을 올릴 수 있음을 보여주고 싶다.

다음 장에서 우리는 투자 수익률을 높이는 데 사용할 수 있는 단기적인 전략들을 보게 된다. 당신도 짐작하겠지만, 우리는 기술적인 분석을 무척 강조한다. 하지만 가능한 사용자에게 편하도록 만들 것이며, 차트를 사용해 일부 까다로운 개념들의 설명을 도울 것이다.

우리는 또 시장이 어떠하건 돈을 버는 법을 가르친다. 시장이 불황이건 상당한 조정을 거치건, 단기 거래인들은 수익을 올릴 수 있다. 사실 전문적인 단기 거래인들은 많은 경우에 호황 시장보다 불황 시장에서 더 많은 돈을 번다. 우리는 시장의 조정을 두려워하는 것이 아니라 어떻게 거기에서 수익을 올리는지 가르칠 것이다.

기술적인 규칙들은 아주 중요한 것이기는 해도, 우리는 또 하나의 중요한 분야에 대해서도 잊지 않는다. 즉, 거래의 심리학이다. 당신이 어떤 식으로 주식을 사거나 팔건, 당신이 단기 거래인이건 장기적인 투자가이건, 당신의 성공 여부는 감정을 컨트롤하는 방식에 달려 있다. 사실 대부분의 프로들은 감정의 통제가 가장 어려운 부분이라고 고백한다. 당신이 의식하든 안 하든, 심리적인 상태는 모든 거래에서, 특히 당신이 자신의 돈으로 거래할 때 어느 정도 영향을 준다.

이 책을 집필하기 위해 조사하는 동안 나는 흥미로운 사실을 발견했다. 즉, 가장 높은 수익을 내고 있는 장기 투자가들과 단기 거래인들은 성격에서 많은 공통점이 있다는 사실이다. 양쪽 모두 절제되고 정열적인 방식으로 일하고, 압박 속에서 빠르게 생각하고, 주식을 거래할 때 감정에 휩쓸리지 않는다. 차이가 있다면, 단타 매매자들은 여러 가지 단기적인 기술적 자료에 의존해 어떤 주식을 사거나 팔지 결정하는 반면, 장기적인 투자가들은 주로 펀더멘탈(fundamental) 자료에 의존한다. 최고의 투자가들처럼 최고의 거래인들도 다른 거래인들보다 더 적게 잃고 더 적은 실수를 한다.

2장에서는 또 거래를 관리하는 가장 효과적인 방법에 관한 조언도 소개하는데, 여기에는 많은 프로들이 수익의 열쇠로 여기는 절제심(discipline)도 포함된다. 다른 거래인들은 두려움과 욕심에 결국 굴복하지만, 프로들은 예외 없이 자신들의 전략을 고수한다. 최고의 거래인들은 놀라울 정도의 절제심을 갖고 있는 것 같다. 모두가 그렇게 절제심을 갖고 있다면, 훨씬 더 많은 사람들이 시장에서 훨씬 더 많은 돈을 벌 것이다.

내가 이 책을 쓰면서 가장 즐거웠던 부분은 최고 중에서도 최고인 단기 거래인들과 인터뷰한 것이다. 성공적인 단기 거래인이 되려면 다른 거래인들에게 통하는 것을 알아내야 한다. 내가 면담한 각각의 단기 거래인들은 하나 이상의 단타 매매 전략을 사용한다. 예를 들어 내가 얘기를 나눈 배리 도프먼은 성공적인 스윙 거래인이자 컨설팅 및 마케팅 회사의 사장인데, 그는 성공의 많은 비결들을 공개하면서 단기적인 거래인으로 수익을 올리려면 무엇을 해야 하는지 알려준다.

다음에 만나게 되는 올리버 벨레즈는 독립적인 거래인들을 위한 회사 프리스틴 닷컴의 사장이자 단타 매매에 관한 책을 쓴 사람이다. 이 사람은 단타 매매 업계에서 거래인 겸 훈련가로서 11년 동안 아주 성공적인 활동을 했다.

나는 또 마크 쿡과도 많은 얘기를 나누었다. 많은 이들은 이 사람이 미국에서 제일가는 초단타 매매자의 한 사람이라고 생각한다. 그는 20년 이상 초단타 매매를 하면서 지속적으로 돈을 벌어 많은 사람들의 비판을 무색케 했다.

우리는 또 린다 B. 라쉬케와도 만나게 되는데, 이 유명한 단타 매매자는 미국에서 제일가는 거래인의 한 사람으로 인정받고 있다.

마지막으로 나는 데이빗 나사르와 면담을 했다. 이 분야의 회사를 운영하면서 단타 매매의 베스트셀러를 쓰기도 한 이 사람은 거래 심리학의 중요성을 강조하고 위험을 줄이는 몇 가지 방법을 소개한다.

데론과 나는 우리의 지식을 기쁘게 여러분과 공유하고자 한다. 우리의 궁극적인 목표는 시장이 어떠하건 돈을 벌도록 가르치는 단기 거래의 책을 유용하고 재미있게 쓰는 것이었다. 물론 지지 및 저항 수준과 추세 반전, 그리고 종목 거래에 관한 책을 쓰면서 재미있게 쓰는 것은 쉬운 일이 아니다. 하지만 우리는 그렇게 하려고 최선을 다했다.

우리의 의도는 당신을 전문적인 단타 매매자로 만드는 것이 아니다. 우리의 바람은 일부 가장 공격적인 단기적 전략들이 당신의 전반적인 투자 수익을 높일 수 있음을 보여주는 것이다. 그렇게 해서 우리는 당신이 가장 적은 시간으로 가장 많은 돈을 벌고, 그러면서도 밤에 편히 잠을 잘 수 있도록 돕고자 한다. 그렇게 할 수 있을 때 우리는 목표를 달성하게 된다.

이 책에 대한 당신의 생각이 무엇이건, 단기적인 거래 기술을 연마하기 위한 노력을 절대로 중단하지 말라. 당신은 거래에 대해 열정을 느끼는가? 당신은 절제심을 갖고 이 책에 있는 규칙들을 따를 수 있는가? 당신은 더 나은 거래인이 되기 위해 기꺼이 배우려 하는가?

그렇다면 당신은 자신과 가족을 위해 돈을 벌 수 있다. 물론 쉽지는 않다. 하지만 열심히 노력하고 여기서 배우는 것을 활용하면, 당신은 성공할 수 있다고 우리는 믿는다. 주식 시장에서 돈을 벌 수 있는 기회들은 또다시 찾아온다. 약간의 행운과 많은 노력이 있다면, 앞으로 당신이 가장 큰 수익을 낼 수 있을 것이다. 여러분의 건투를 빈다.

마이클 신시어

1

획기적인 투자 기법—롱텀 데이트레이딩

Getting Started

Getting Started

롱텀 데이트레이딩이란 무엇인가?

롱텀 데이트레이딩이란 두 가지 투자 전략의 결합이다. 하나는 장기적인 투자이고, 다른 하나는 단기적인 거래이다. 장기적인 투자가들은 주식을 사서 오랫동안, 대개는 12개월 이상 보유하려 한다. 이들의 전략은 특정한 회사의 장기적인 전망에 투자해서 돈을 버는 것이다. 그 회사가 사업을 잘해서 수익과 매출이 늘면 주가는 올라간다. 일반적인 장기 전략 중 하나는 저평가된 회사의 주식을 가능한 낮은 가격에 사서 주가가 적정한 가격이 될 때까지 보유하는 것이다. 싸게 사서 비싸게 파는 성공 전략은 장기적인 투자가들의 꿈이다.

장기적인 투자가들에게 가장 중요한 것은 특정한 회사의 펀더멘탈(fundamental)이다. 이를테면 주가수익률(P/E), 회사의 경영 상태, 혹은 수익성 등이다. 이들은 특정한 회사의 성장 잠재력과 수익성에 관심이 있기 때문에, 펀더멘탈을 분석해 가장 좋은 주식을 고르려 한다.

반면에 단기적인 거래인들은 주식을 길게 보유하지 않는다. 이들은 가능한 빨리, 대개는 하루 단위로 돈을 벌고 싶어한다. 이들에게 중요한 것은 회사의 경영진이나 장기적인 성장 잠재력이 아니다. 단기적인 거래인들은 다양한 기술적 도표를 사용해 어떤 주식을 사거나 팔아야 하는지를 결정한다. 이들은 특정한 회사의 펀더멘탈 자료에 크게 의존하지 않는다. 이들은 도표를 제대로 해석할 때 남들이 사면 팔고 남들이 팔면 삼으로써 돈을 벌 수 있다. 이들은 (많은 초단타 매매자들과 달리) 주식을 며칠 혹은 몇주 동안 보유할 수도 있다.

당신은 어떤 전략을 더 선호하는가? 주식을 사서 오랫동안 보유하며 주가가 올라 수익이 날 때까지 기다리고 싶은가? 아니면 하루 단위나 아주 짧은 기간에 작지만 지속적인 수익과 현금흐름을 확보하고 싶은가?

다행히도 당신은 하나의 투자 전략에만 국한될 필요가 없다. 당신은 두 가지 모두를 사용할 수 있고 사용해야 한다고 우리는 믿는다. 장기적인 투자 전략을 단타 매매 전략과 결합시킴으로써, 당신은 우리가 말하는 "롱텀 데이트레이더"가 될 수 있고 전반적으로 수익률을 높일 수 있다. 따라서 롱텀 데이트레이더(장기적인 단타 매매자)란 "단타 매매자의 성공적인 단기적 전략과 전술을 사용해 투자 수익을 높이는 장기적인 투자가"라고 말할 수 있다.

당신은 주식을 사서 오랫동안 보유하는 개념을 잘 알고 있을 것이다. 하지만 단타 매매에 대해서는 익숙하지 못할 수도 있다. 그렇기 때문에 우리는 아주 간략한 설명을 하고 싶다.

온라인 거래인의 등장

몇년 전만 해도 주식을 거래하는 유일한 방법은 증권사의 직원에게 전화를 거는 것이었다. 특정한 주식의 주문을 내고 싶거나, 특정한 회사의 정보를 얻고 싶으면, 또 특정한 주식을 사거나 팔고 싶으면 증권사의 직원에게 전화를 걸었다. 수수료는 무척 높았고 고객들은 종종 느린 주문 처리와 서비스의 부족으로 고생했다.

그러나 인터넷은 투자 환경을 완전히 바꾸었다. 이제는 마우스만 클릭하면 일반 대중도 온갖 투자 정보를 얻을 수 있다. 그래서 이제는 개인 투자가와 전문적인 중개인 사이에 큰 차이가 존재하지 않는다. 이제는 중개인에게 전화를 걸지 않아도 온라인으로 직접 정보를 얻고, 다른 투자가들과 정보를 나누고, 애널리스트의 견해를 얻고, 직접 거래를 하고, 수수료를 절약할 수 있다. 많은 온라인 도구들이 소비자들에게 온갖 정보를 제공한다. 그리고 비용은 거의 무료이다. 수익 예상과 기업 소식은 물론이고 그밖에도 온갖 정보와 자료를 인터넷에서 즉시 얻을 수 있다.

그리고 이런 상황은 앞으로도 계속될 것이며, 온라인 투자 인구는 지속적으로 늘어나고 있다.

인터넷의 점증하는 인기는 다른 분야에서도 주식 시장을 바꾸어 놓았다. 수많은 신생 기업들(야후, 시스코, AOL, 이베이, 아마존, 그리고 델 컴퓨터 등)이 주식 시장에 들어와 유례가 없는 성장을 경험했다. 이들 신기술 주식의 가격은 단 하루만에 10~15%, 때로는 그 이상도 오르거나 내린다. 예를 들어 퀄컴의 주가는 하루만에 150 포인트 이상이나 오른 적도 있다. 만일 당신이 그때 퀄컴의 주식을 100주만 갖고 있었어도 하루만에 1만5천달러의 수익을 올렸을 것이다.

그것을 보고 영리한 투자가들은 그렇게 극심한 주가의 변동에서 이득을 볼 수 있다고 생각했다. 사람들이 하루 동안 반복적으로 주식을 사고 팔아 주가의 급속한 변동에서 수익을 얻으려 하기 시작했다. 일부 거래인들은 하루에 수십 건 이상의 거래를 하면서 시장이 문을 닫고 거래가 끝나면 모든 주식을 팔곤 했다.

다른 거래인들은 온종일 하나의 주식만을 거래하면서 변동성에서 큰 수익을 올리려 했다. 단타 매매는 금방 사람들의 상상력을 사로잡았다. 그 결과 도처에서 단타 매매의 열풍이 불었다. 이것은 주가의 전례가 없는 급등과 특히 인터넷 주식들의 증가 때문이었다. 마치 모두가 시장에서 주식을 단타 매매해 큰돈을 버는 것만 같았다.

그렇지만 단타 매매에는 일부 잘못된 인식들이 있어서, 이것들이 단타 매매를 너무나도 멋지고 흥미있는 것으로 오도했다. 사람들은 아침에 일어나 커피를 마시면서, 때로는 잠옷 바람으로 전날의 거래를 검토하는 상상을 한다. 그러면서 이들은 한동안 시장을 분석하고 몇 건의 거래를 하면 금방 쏠쏠한 수익을 올릴 수 있다고 생각한다. 이들은 한가롭게 점심을 먹은 후에 몇 건의 거래를 더 하면 하루만에 한달 수입 이상을 올릴 수 있다고 착각한다. 이들은 그렇게 몇년만 하면 은퇴하여 여가를 즐길 수 있을 것이라고 생각한다. 무엇보다 이들은 직장 상사의 지시를 들을 필요가 없고 원하는 만큼 어느 정도의 돈을 벌 수 있을 것이다. 이것보다 더 편한 삶이 어디 있겠는가?

그러나 생각처럼 쉽지 않다

하지만 단타 매매는 사람들이 생각하는 것처럼 그렇게 멋지거나 쉬운 일이 아니다. 우선 먼저, 대부분의 온라인 단타 매매자들은 지속적으로 큰 수익을 올리지 못한다. 대부분의 유명한 단타 매매 책들의 저자들도 실제로 돈을 버는 단타 매매자는 극히 적음을 인정한다.

그것은 통계를 보면 금방 알 수 있다. 단타 매매자들 중에서 75% 이상은, 특히 초보자들은 더욱 더 돈을 잃는 것으로 추산된다. 이와 같은 추산에는 집에서 하는 온라인 매매자들과 단타 매매 회사에서 일하는 사람들 모두가 포함된다. 열성적인 저자가 책에서 설명할 때는 쉬워 보여도, 단타 매매는 아마추어들을 위한 것이 아니다. 일부 프로들조차도 몇초 혹은 몇분만에 주식을 사고팔아 지속적인 수익을 올리는 데 어려움을 느낀다.

초단타 매매의 경우에는 상황이 한층 더 나쁘다. 초단타 매매로 돈을 벌려면 퍼짐(spread)을 이용해야 한다. 이것은 '사자'는 가격과 '팔자'는 가격의 차이를 말한다. 초단타 매매는 하루 동안 여러 차례 작은 수익들을 올리겠다는 것이다.

그러나 초단타 매매의 90% 이상은 주로 수수료와 느슨한 돈 관리 때문에 손해를 보는 것으로 추산된다. 느린 주문 처리와 빠른 시장 변화 때문에, 초단타 매매자는 하나의 거래에서 여러 포인트의 손해를 볼 수도 있다. 예를 들어 여러 번의 1/16 포인트와 1/8 포인트를 벌어야만 한 번의 4 포인트 손실을 만회할 수 있다. 운이 없는 많은 매매자들은 1/16과 1/8의 세상에서 성공하기가 무척 어려움을 알게 되었다.

일부 비판가들은 이런 단타 매매자들을 스캘퍼(scalper : scalp는 "머리 껍질을 벗기다"는 뜻)라고 부르는데, 이들은 작은 수익을 노리고 매매를 하기 때문이다. 각각의 거래에서 몇백 달러 이상을 벌지 못해도 하루 동안 수십 건의 거래를 하면 수익은 점차 높아진다. 초단타 매매를 하는 사람들은 아주 빠르게 주문을 처리해야만 살아남을 수 있다.

초단타 매매는 상당한 수익을 올릴 때도 많지만 돈을 잃는 것도 쉽다. 초단타 매매자들은 주가의 작은 변화에서 수익을 올리려 하기 때문에, 그래서 이들은 상대적으로 많은 수의 주식을 거래해야만 한다. 이렇게 하려면 먼저 상당한 주식 구매가 가능한 충분한 자본이 있어야 한다. 적어도 처음에 2만5천~5만 달러는 있어야 한다. 추가적인 자본이 필요할 때 초단타 매매자들은 신용 거래를 통해 구매력을 높이기도 한다. 신용 거래는 일종의 거대한 신용 카드로서, 증권회사에서 돈을 빌려 추가로 주식을 사는 것이다.

거래만 제대로 하면 신용 거래를 통해 수익을 높일 수 있을 것이다. 하지만 제때 손절매를 못하면 증권 회사에 상당한 빚을 질 수도 있다. 초단타 매매자들은 신용 거래를 옹호하기 위해 하루 이상 주식을 보유하지 않는다는 점을 강조한다. 신용으로 거래하면서 하루 이상 보유하는 초단타 매매자는 시장이 문을 닫은 후 주가가 떨어지면 큰 손해를 볼 수 있기 때문이다. 신용 거래를 할 때는 작은 손실도 눈덩이처럼 불어날 수 있다. 따라서 신용으로 거래할 때는 아주 엄격한 돈 관리 규칙들을 따라야만 한다.

초단타 매매에서 또 하나 어려운 점은 업계 최고의 프로들과 싸워야 한다는 점이다. 이들은 개인 투자가들을 상대로 밥벌이를 한다. 성공적인 초단타 매매자가 되려면 아주 능숙한 기술자가 되어야 한다. 그렇기 때문에 이와 같은 거래에서 실패하는 비율은 아주 높다. 설상가상으로, 월가에서 일하는 많은 프로 단타 매매자들은 일반 투자자들과 경쟁하는 것을 싫어하며 그들을 혼란에 빠뜨리기 위해 무슨 일이든지 한다.

성공적인 단타 매매자가 되는 한 가지 열쇠는 충분한 돈을 갖거나 벌어서 거래를 계속하는 것이다. 전문적인 매매자들은 단타 매매가 여느 사업을 운영하는 것과 전혀 다르지 않다고 얘기할 것이다. 그러니까 사업 계획과 거래 자본이 있어야 하고, 기술적인 지식과 심리적인 힘이 있어야만 성공적인 사업을 운영할 수 있다. 창업 회사들의 실패율은 아주 높다는 점을 기억하라. 그것은 매년 50%를 웃돈다. 그리고 단타 매매의 초보자들에게는 그런 비율이 훨씬 더 높다. 자본의 부족은 종종 창업 회사들의 실패 원인으로 지적된다. 마찬가지로, 현금 흐름의 부족은 많은 단타 매매자들이 활동을 지속하지 못하는 이유이다.

왜 사람들은 단타 매매에서 돈을 잃는가?

우리가 볼 때 그 답은 잘못된 단타 매매 전략, 지식의 부족, 그리고 효과적인 거래 관리에 필요한 절제심의 부족에 있다. 겨우 2백 달러를 벌기 위한 기회에 5만 달러의 위험을 거는 것은 무모한 짓이다. 여기서의 위험에 대한 보상 비율은 너무나도 불균형적이다. 다시 말해 위험은 너무 많고 보상은 너무 적다. 우리는 간단한 공식을 만들어 이런 개념의 이해를 돕는다. 즉, 당신이 감수해야 할 위험은 당신이 버는 수익과 같거나 더 적어야 한다.

단타 매매는 비용도 너무 높아서 연간 56%에 달한다는 분석도 있다. 수수료가 가장 큰 비중을 차지하며 주문과 자료 비용이 뒤를 잇는다. 단타 매매자는 시장을 세심히 관찰해야 하고 정보를 빠르게 수집해야 한다. 그래서 실시간의 주문과 여타 빠른 정보들을 위한 비용이 들어간다. 이런 비용들이 성공의 가능성을 크게 낮춘다.

마지막으로, 단타 매매는 엄청난 절제심과 지식, 그리고 직관이 있어야만 성공한다. 가장 성공적인 매매자는 오랜 시간 일하면서 새로운 전략들을 배우고 개발한다. 대부분의 사람들은 단타 매매자로 성공하는 데 필요한 심리적 힘을 갖고 있지 못하다.

단타 매매 회사들

단타 매매는 처음에 SOES라 불리는 가게들에서 시작되었다. 이것은 단타 매매자들이 나스닥의 SOES(소액 주문 처리 시스템)을 활용했기 때문에 붙여진 이름이다. 이 시스템은 가장 좋은 가격에 주문들을 즉시 처리했다. 이제는 온라인 거래의 등장으로 인해 대부분의 단타 매매자들은 집에서 일을 한다. 그렇지만 높은 월간 사용료와 2만5천~5만 달러의 최소 초기 자본이 있다면, 아직도 단타 매매 회사에서 수십 명의 다른 거래인들과 한 방에서 일할 수 있다. 그리고 이런 곳에서 일하면 몇 가지 이점이 있다.

가장 중요한 것은, 이런 회사는 아주 정교한 컴퓨터 하드웨어와 맞춤거래 소프트웨어를 제공한다. 이와 같은 최신의 장치들은 매일같이 수십 건의 거래를 할 때 아주 유용하다. 이런 회사들은 또 낮은 수수료와 빠른 주문 처리, 그리고 가장 자세한 가격 정보 등도 제공한다.

단타 매매 회사의 또 다른 이점은 다른 거래인들과 함께 거래를 할 수 있다는 점이다. 운이 좋다면 당신은 성공적인 거래인들이 어떻게 사고 파는지 연구해서 실력을 높일 수 있다. 단타 매매 회사들은 또 소프트웨어 사용법도 가르치고 당신에게 맞는 전략을 알려주기도 한다. 사실 많은 단타 매매 회사들은 수수료보다 이와 같은 교육 프로그램으로 더 많은 돈을 번다.

1999년 7월 29일에 일어난 한 사건으로 인해 단타 매매 회사들은 갑자기 대중의 관심을 끌게 되었다. 그당시 불만에 찬 단타 매매자 마크 바톤이 갑자기 애틀랜타에 있는 두 단타 매매 회사들의 사무실에 총을 갖고 들어와 14명의 거래인들을 쏘고 7명을 죽였다. 이중에서 많은 이들이 그의 지인이거나 동료 거래인이었다. 그가 사살한 일부 거래인들은 그에게 엄청난 거래 손실을 메우기 위한 돈을 빌려주기도 했다.

바톤은 7개월 동안 단타 매매를 하면서 40만 달러 이상을 잃은 후에 자신과 가족, 그리고 가능한 한 많은 단타 매매자들의 삶을 끝장내기로 결심했다. 잠시 경찰에 쫓기다가 그는 주유소에 차를 세우고 스스로 목숨을 끊었다.

이 사건이 일어난 후 증권거래위원회는 단타 매매 회사들에 대한 전면적인 조사에 착수했다. 당시 소매 회사들에서 종일제로 단타 매매를 하는 사람들은 5천 명이 넘지 않았지만, 당국은 이들 회사들의 사업에 대해 더 많은 것을 조사했다. 당국은 특히 단타 매매자들의 신용 거래 요건과 단타 매매자들이 서로에게 거래를 계속하기 위한 돈을 빌려주도록 권장되고 있는지를 조사했다.

이와 같은 조치에 발맞추어 나스닥과 뉴욕증권거래소는 새로운 규칙을 제안했다. 단타 매매자들은 잠재적인 손실에 대비해 적어도 50%의 현금을 계좌에 갖고 있어야 한다는 내용이었다. 그 규정에서 단타 매매는 하루 안에 주식을 사고 파는 것으로 정의된다.

이와 같은 규칙 변화의 많은 부분은 "패턴 단타 매매자", 즉 같은 주식을 일주일 내에 4회 이상 사고파는 사람들에게도 적용된다. 이것은 대부분의 거래를 집에서 하는 수십만의 온라인 단타 매매자들을 가리키는 것이 분명하다. 단타 매매에 대한 부정적인 여론 때문에, 많은 수의 단타 매매 회사들은 자신들의 고객을 단타 매매자(day trader)가 아닌 단기 거래인(short-term trader)으로 부르고 있다.

단타 매매 회사들에 대해서 결론을 내리면, 훈련이나 교육 비용과 월간 접속료, 그리고 수수료와 세금 등을 감안할 때, 당신은 아주 잘해야만 겨우 손익분기점을 넘길 수 있다. 아주 잘하는 사람들도 있기 하지만, 전체적으로 상황은 당신에게 유리하지 않다.

단기 거래란 무엇인가?

단타 매매가 그렇게 어려운 것이고 단타 매매자에 그렇게 부정적인 느낌이 있다면, 왜 우리가 당신에게 단타 매매를 권하는 것인지 당신은 의아하게 생각할 것이다. 하지만 우리가 권하는 것은 단기적인 거래이며, 이것은 다양한 단기적 전략을 사용해 수익을 높이는 것이다. 우리가 말하려는 것은 대부분의 사람들이 단타 매매의 전략으로 보는 초단타 매매는 대부분의 개인들이 피해야 한다는 것이다. 앞에서도 얘기했듯이, 초단타 매매는 수십 가지 주식을 몇분이나 몇시간 안에 사고 팔아 약간의 수익을 올리겠다는 것이다. 하지만 성공적인 초단타 매매자가 되는데 필요한 개인적 특성을 갖고 있는 사람은 극소수에 불과하다. 우리가 할 수 있는 최상의 조언은 시간을 갖고 모든 단기적 전략들을 연구한 후에야 진짜 돈으로 시장에 들어가라는 것이다.

한 가지 수익을 올릴 수 있는 단기적 전략은 스윙(swing) 거래이다. 이것은 주식을 하루 내지 5일 동안 보유하는 것이다. 스윙 거래인들도 초단타 매매자들이 사용하는 기술적 지표들에 많이 의존하지만, 이들이 노리는 것은 몇 포인트가 아닌 그 이상의 더 많은 수익이다.

우리가 수익을 올렸던 거래들 중에서 많은 것들이 스윙 거래였다. 하지만 우리는 우량 주식만을 고르기 위해 애를 쓴다. 그러나 당신이 인터넷 주식들의 스윙 거래를 한다면, 위험은 상당히 높아지게 된다. 그래서 위험을 싫어하는 많은 단기 거래인들은 가능하면 뉴욕증권거래소의 블루칩 주식들을 거래하고 싶어한다. 블루칩들도 변동성이 있지만 많은 나스닥 주식들보다는 훨씬 더 안정적이다. 만일 당신이 단기적인 거래에 초보자라면, 적어도 처음에는 우량 주식들만 거래하는 것이 좋을 것이다.

당신이 궁극적으로 어떤 전략을 사용하건, 우리가 정의하는 단기적인 거래는 단기간 내에 수익과 현금 흐름을 높이기 위한 전략이다. 그것은 몇분, 며칠, 혹은 몇주 안에 주식을 사고 파는 것일 수도 있다. 그러나 이 책에서 소개하는 대부분의 전략은 하루 내지 5일 안에 주식을 사고 파는 것에 맞추어져 있다. 롱텀 데이트레이더는 다양한 단기 거래 전략들을 사용하고 동시에 포트폴리오의 상당 부분을 주식, 뮤추얼 펀드, 그리고 인덱스 펀드에 투자한다.

롱텀 데이트레이딩: 다각화된 접근법

당신은 롱텀 데이트레이더가 될 때보다 다각화(분산)된 투자 방식을 선호한다. 당신도 알겠지만, 다각화는 금융 계획에서 가장 중요한 개념의 하나이다. 다각화는 다양한 종류의 투자에 (이를테면 주식, 채권, 그리고 현금에) 돈을 분산시키는 것이다. 대부분의 전문가들은 다각화가 투자 위험을 줄이는 아주 효과적인 방법이라는 데 동의한다. 모든 돈을 하나의 자산에만 넣어야 한다고 믿는 투자 조언가는 거의 없다. 당신은 시장의 위험을 없앨 수는 없다. 하지만 투자의 위험은 줄일 수가 있고, 그렇게 하는 가장 효과적인 방법 가운데 하나가 다각화이다.

롱텀 데이트레이더로서 우리는 다각화를 강력하게 권유한다. 사실 우리 철학의 핵심은 다양한 투자 수단에 다각화를 하고, 동시에 단기적인 전략과 장기적인 전략을 결합시키는 것이다. 예를 들어 시장이 10퍼센트 이상 떨어질 때, 당신이 주식과 뮤추얼 펀드와 현금에 투자하고 있다면 타격은 크지 않을 것이다. 당신은 또 포트폴리오 중의 단기적인 투자 전략을 사용해 시장이 회복될 때 수익을 올릴 수도 있다. 당신은 장기적인 투자와 단기적인 투자 사이에서 반드시 하나를 선택해야 할 필요는 없다. 우리는 둘 다 사용하는 것이 일리가 있다고 믿는다.

롱텀 데이트레이더로서 당신은 장기적인 투자와 단기적인 투자에 다각화(분산투자)를 함으로써 위험을 최소화한다. 당신의 포트폴리오 전체에 단기적인 거래 전술을 사용하는 것은 너무 위험하다. 그것을 다른 사람들의 돈으로 거래하는 전문가에게 맡겨라. 다행히도 당신은 단기적인 거래 전술을 사용해 시장이 어떠하건 돈을 벌 수 있다. 우리는 시장이 좋건 나쁘건 어떻게 돈을 버는지 당신에게 알려주고자 한다. 시장이 10퍼센트나 15퍼센트 하락해도 당신은 수익을 올릴 수 있다.

만일 당신이 기본적으로 장기적인 투자가라면, 주가 지수의 단기적인 변화에 걱정할 필요가 없다. 장기적인 투자가는 주식 시장이 장기적으로 오르는 경향이 있다는 사실에 근거해 투자한다. 물론 그렇게 된다는 보장은 없지만, 역사적으로 볼 때 장기적인 투자가는 결국 좋은 결과를 낸다. 그러나 이 책에서 우리는 기본적으로 단기적인 전략에 초점을 맞춘다. 앞에서도 얘기했듯이, 당신은 두 가지 전략 모두를 성공적으로 사용할 수 있다.

롱텀 데이트레이딩의 이점

롱텀 데이트레이더로서 당신은 직장을 그만두지 않고도 주식시장에서 돈을 벌 수 있다. 당신은 늘 하루중에 (이를테면 점심 시간이나 휴식 시간에) 정당하게 시간을 내서 단기 거래를 할 수 있다. 그렇다고 점심 시간 전부를 컴퓨터 화면을 보며 주식을 사고 파는 데 사용해야 한다는 말은 아니다. 우리가 당신에게 가르치고 싶은 것은 더 많은 거래가 아니라 더 현명한 거래이다.

미국에서 제일 가는 일부 단기 거래인들은 아주 선택적으로 거래를 한다. 일반적인 생각과 달리, 당신은 하루에 수십 건의 거래를 하지 않아도 돈을 벌 수 있다. 과도한 거래는 많은 거래인들에게 심각한 문제이다. 실제로 거래를 하기보다 거래 기회를 분석하는 데 더 많은 시간을 써라. 그러면 당신은 마침내 거래를 할 좋은 타이밍이라고 확신할 때 더 나은 수익을 올릴 수 있다.

그러나 사무실에서 아무리 많은 자유 시간이 있어도 근무중에 주식을 사거나 팔아서는 안 된다. 우리는 개인적인 경험에 비추어 보아 근무중에 주식을 거래하는 것이 얼마나 어려운지 잘 안다. 회사 업무보다 주식시장을 확인하는 데 더 많은 시간을 쓴다면, 당신은 결국 회사에서 쫓겨날 수도 있다. 만일 당신이 직장과 단기 투자 사이에서 선택해야 한다면, 적어도 투자자로서 먹고살 수 있다는 확신이 들기 전에는 일자리를 고수해야 한다.

월가에서 일어나는 일부 변화들 때문에, 당신은 직장일을 병행하면서도 주식 거래를 할 수 있다. 사실 이제는 롱텀 데이트레이더가 될 수 있는 여건이 되었다. 이제는 주식시장이 열리기 전이나 닫힌 후에도 거래를 할 수 있다. 상당수의 단기 거래인들은 종료 후의 시장에서 거래를 하며, 이것은 일반 대중에게도 퍼지고 있다.

많은 전문 거래인들은 결국에는 종료 후의 시장이 일반 투자가들에게 인기를 얻을 것이라고 믿는다. 직장 때문에 시장에서 돈을 버는 데 방해를 받을 필요는 없다. 그래서 이제는 두 곳에서 수입을 올리는 것도 가능하다.

만일 당신이 자영업자거나 집에 있는 주부이거나 재택 근무자라면, 단기 거래는 당신에게 특히 편리하다는 것을 알게 될 것이다. 당신은 집에서 편안하게 일도 하고 주식도 거래할 수 있다. 이것은 당신의 소득을 높이는 하나의 이상적인 방식이다.

롱텀 데이트레이딩은 또 더 많은 여유 시간도 가능케 한다. 당신은 다양한 투자에 다각화함으로써 예기치 못한 시장의 변동이나 그 밖에 뜻밖의 사건들로부터 자신을 보호하고 있다. 그래서 당신은 시장이 어떻게 되고 있는지 수시로 확인하지 않아도 된다. 그렇다고 오랫동안 주식 시장의 변화를 무시해도 좋다는 말은 아니다. 다만 당신은 하루 종일 컴퓨터 화면을 보면서 눈을 충혈시킬 필요가 없다는 말이다.

장기적인 투자가로서 당신은 뮤추얼 펀드, 주식, 혹은 현금에 투자한 후 그것이 어떻게 되고 있는지 시시각각 확인하지 않아도 된다. 대부분의 장기적인 투자 전략들은 최소한의 시간만을 요구한다. 투자를 세심하게 관찰할 시간이 없는 바쁜 사람들에게 장기적인 투자가 적절할 것이다. 장기적인 투자는 수많은 사람들에게 엄청난 수익을 주었고, 특히 호황 시장중에는 더욱 그러했다.

데이빗과 탐 가드너 같은 장기적인 투자가들은 주식을 사서 오랫동안 보유하는 것의 중요성에 대해 개미 투자가들을 교육시키는 데 공헌했다. 이들은 추종자들에게 (보수적인 포트폴리오부터 아주 공격적인 포트폴리오까지) 다양한 장기 투자 전략들을 알려주었다. 당신도 아주 성공적인 이들의 전략을 따른다면, 성공의 열쇠는 우량 주식을 사서 영원히 보유하는 것이다. 가드너 형제는 워런 버핏의 장기 투자 철학을 신봉한다. 다만 이들은 종종 인터넷 주식들도 산다. 만일 당신이 수익을 내는 회사들의 주식을 고른다면, 당신의 장기적인 투자도 저절로 수익을 낼 것이다. 이것은 수동적이지만 수익을 내는 전략이라고 할 수 있다.

단기 거래는 장기적인 투자보다 더 공격적이기 때문에, 당신은 주식을 세심하게 관찰해야 하고 매일같이 투자에 더 많은 관심을 쏟아야 한다. 단기적인 거래인은 오랫동안 컴퓨터 화면에서 눈을 뗄 수가 없다. 물론 매순간마다 화면을 볼 필요는 없지만, 가격 변화와 거래량, 그리고 특정 종목의 강세나 약세에 세심한 주의를 기울여야 한다.

그리고 당신이 단기 거래의 초보자라면, 한번에 10여 개 이상의 주식을 보아서는 안될 것이다. 그래야만 시간을 갖고 조사하고 기술적인 분석을 익힐 수 있다. 기본들을 배우는 데는 약간의 시간이 필요하지만, 당신이 어떤 종류의 투자가이건 기술적인 분석을 배울 값어치가 있다.

온라인 증권사 선택하기

우리는 당신이 단타 매매 회사에 합류하거나, 주식 중개인을 고용하거나, 집에 있는 컴퓨터에 맞춤 소프트웨어를 설치해야만 롱텀 데이트레이더가 될 수 있다고 생각하지 않는다. 당신은 고속 모뎀 연결, 인터넷, 그리고 온라인 중개로도 해나갈 수 있다. (당신의 인터넷 연결 속도가 빠를수록 거래는 더 편해진다.) 온라인 중개 수수료는 더 싸졌고, 실행 시간은 더 빨라졌고, 당신은 집이든 어디든 인터넷 접속만 찾을 수 있으면 거래를 할 수 있다. 어떤 사람들은 노트북 컴퓨터나 PDA로도 주식을 거래한다.

고속 모뎀 연결이 있으면 새 장비에 많은 돈을 들이지 않아도 거의 프로들만큼 빠르게 거래를 할 수 있다. '전자 통신 네트워크(ECN)'에 연결된 증권사들은 (대부분의 주요 증권사들은 연결되어 있다) 가장 빠르고 가장 비용이 효율적인 서비스를 제공한다. 예를 들어 데이텍 온라인(Datek Online)은 아일랜드(Island) ECN을 통해 주문을 연결하는데, 매끄러운 주문 처리와 아주 빠른 실행 시간을 자랑한다.

많은 단기 거래인들이 좋아하는 또 하나의 대중적인 온라인 증권사는 이트레이드(E*Trade)이다. 많은 경쟁사들처럼 이트레이드도 단기적인 거래인들과 장기적인 투자가들을 위한 다양한 투자 서비스를 제공한다.

마지막으로, 현재 시장 점유율이 가장 높은 온라인 증권사는 찰스 슈왑(Charles Schwab)이다. 이 회사는 전통적으로 장기적인 투자가들이 선호하는 증권사였다. 슈왑은 경쟁사들보다 약간 더 높은 수수료를 요구하지만, 이 회사는 폭넓은 조사와 24시간 전화 서비스 같은 특화된 서비스를 많이 제공하기 때문에 가격 차이를 정당화한다.

온라인 증권사에 계좌를 개설할 때 가장 힘든 부분은 가장 좋은 회사를 알아내는 일이다. 미국에는 100개 이상의 온라인 증권사가 있으며, 매일 새로운 증권사들이 등장하고 있다. 그리고 이제는 종합 서비스 증권사들도 온라인 증권업 사업에 뛰어들고 있다.

계좌를 개설하기 전에 다양한 수수료와 서비스를 반드시 비교하라. 일부 온라인 증권사들은 무제한의 무료 주문, 아주 낮은 수수료, 그리고 전화 지원 등을 제공한다. 당신의 목표는 가장 좋은 고객 서비스와 가장 빠른 주문 처리를 하는 증권사를 찾는 것이다. 물론 수수료도 중요하고 당신은 돈을 절약하고 싶겠지만, 그보다 더 중요한 것은 전체적인 서비스 내용이다. 그리고 당신의 거래 스타일에 맞는 선택을 해야 한다. 예를 들어 당신이 거래는 별로 않고 조사에 많은 시간을 사용한다면, 수수료는 높아도 조사 기능이 뛰어난 증권사가 좋다. 빈면에 당신이 공격적이고 경험이 많은 단기 거래인이라면, 간단한 서비스만 제공하면서 수수료는 낮고, 주문 처리는 빠르고, 컴퓨터 장애가 적은 온라인 증권사를 선택해야 한다.

대부분의 온라인 증권사는 아직도 인터넷을 통한 시스템이라는 점을 유념하라. 그래서 당신이 엔터(enter) 키를 치고 나면, 당신의 주문은 중간에서 그것을 처리하는 시장 조성자(market maker)나

전문가(specialist)에게 넘어간다. 그러나 대부분의 전문적인 단타 매매자는 특수한 소프트웨어를 구입해 온라인 증권사를 제치고 바로 ECN이나 시장 조성자에게 주문을 보낸다.

당신의 지역에 있는 단타 매매 회사에 요금을 내고 직접 접속 소프트웨어와 장비를 사용할 준비를 하라. 당신에게 맞는 것이 온라인 증권사인지 직접 접속인지는 당신의 판단에 달려 있다.

온라인 증권사에 계좌를 개설하기 전에 몇 시간 동안 조사를 하라. 당신에게 맞는 증권사를 알아내는 가장 빠른 한 가지 방법은 그 회사의 웹사이트를 방문하는 것이다. 대부분의 증권사는 사용자 편의적이고 양방향적인 웹사이트에 다양한 정보를 담고 있다. 온라인 증권사에 대해 더 많은 것을 배우고 당신에게 맞는 증권사를 찾아내는 또 한 가지 방법은 고객 서비스 부서에 전화를 거는 것이다. 이 부서의 직원들은 당신의 모든 질문에 친절하게 답해야만 한다. 당신이 고객이 되기 전에 이들의 도움을 받지 못한다면, 고객이 된 후에도 도움을 받을 가능성은 낮다.

그리고 주요 경제 신문이나 잡지에 실리는 특집 기사에도 관심을 가져라. 이런 곳에는 주기적으로 모든 온라인 증권사를 평가, 비교한 글이 실린다. 마지막으로, 적당한 온라인 증권사를 찾는 가장 효과적인 방법 하나는 입소문에 의한 것이다. 채팅룸에서 낯선 사람의 조언을 따르기보다 경험 많은 투자가로서 당신의 친구인 사람에게서 필요한 정보를 얻는 것이 훨씬 더 낫다.

그럼 당신에게 필요한 장비는 무엇인가?

롱텀 데이트레이더에게 반드시 고성능의 컴퓨터 장비가 필요한 것은 아니다. 그러나 온라인 거래인들은 모두 상당한 성능을 갖춘 컴퓨터가 있어야만 한다. 어쨌든 중요한 것은 가장 효과적인 장비를 갖춰서 가능한 빨리 주문을 처리하는 것이다. 온라인 거래를 하기 위해 반드시 최상급의 컴퓨터가 있어야 하는 것은 아니지만, 그런 것이 있으면 온라인 거래를 훨씬 더 효과적으로 할 수 있다.

다행히도 요즘에는 시장에 좋은 제품들이 많이 나와 있어서, 소비자들은 훨씬 더 낮은 가격에 훨씬 더 빠른 인터넷 접속을 할 수 있다. 그리고 통신 회선의 발전도 눈부시다. 앞으로 점점 더 많은 사람들이 인터넷을 이용하게 되면, 더 빠르고 더 효율적인 장비와 통신 회선이 등장할 것이다.

핵심 요약

요컨대, 롱텀 데이트레이더란 "특정한 주식을 사서 오랫동안 보유하지만 동시에 단타 매매자들의 성공적인 단기적 전략과 전술을 사용해 시장에서 돈을 버는 투자가"이다. 당신은 하나의 투자 전략에만 국한될 필요는 없다. 당신은 두 가지 전략 모두를 사용할 수 있다. 그리고 증권사 계좌도 둘을 개설해 두 가지 거래 전략을 확인하고 비교하면 좋을 것이다.

사서 보유하는 장기적인 투자 전략에 잘못된 것은 전혀 없다. 우리는 자산의 상당 부분을 안정적인 장기적 투자들에 넣을 필요가 있다고 생각한다. 미국 경제의 성장 때문에 앞으로 5년, 10년, 혹은 20년 후에 좋은 투자 결과를 볼 가능성은 매우 높다. 멀리 보고 투자하는 사람들에게 장기적인 투자는 재산을 늘리는 아주 좋은 방법일 수 있다. 이런 전략은 수백만의 사람들에게 아주 좋은 결과를 갖다주었고, 특히 주식 투자를 유도하는 금융 상품에 가입한 사람들에게 큰 도움이 되었다.

그렇지만 단타 매매는 수익을 얻기 위해 몇년 동안 기다리지 않고 단기적으로 돈을 버는 기회를 제공한다. 장기적인 투자는 궁극적으로 시장은 오른다는 믿음에 기반하는 것이고, 단타 매매는 단기적인 시장의 변화를 이용하는 것이다. 주식 시장은 지난 60년 동안 아주 좋은 결과를 낳았지만, 그것이 계속된다는 보장은 어디에도 없다. 우리는 일본의 예를 보며 상황이 늘 전문가들의 예측대로 되지는 않음을 알 수 있다.

일본의 니케이 지수는 1989년 12월에 38,957 포인트까지 올라갔지만, 정부가 저지른 일련의 끔찍한 금융적 실수들 때문에 일본은 10년 넘게 장기적인 불황에 빠져들었다. 그리고 주가 지수도 절반으로 떨어졌다.

물론 단기적인 전략이 시장의 큰 조정이나 불황에서 당신을 완전하게 보호하지는 못한다. 하지만 이것은 잘만 사용하면 거의 모든 시장 상황에서 돈을 벌도록 도와준다. 이 책에 담긴 가장 소중한 교훈들 가운데 하나는 공매도에 관한 규칙인데, 이것은 모두가 주식을 팔 때 어떻게 수익을 올리는지 가르친다.

대부분의 사람들은 주식의 초단타 매매를 피해야 한다고 우리는 얘기했다. 이와 같은 종류의 단타 매매는 프로들을 위한 것이며 엄청난 시간과 자본을 요하는 것이다. 당신이 정말로 초단타 매매에 관심이 있다면, 이 분야에 관한 좋은 책들은 많이 있다. 그러나 우리는 롱텀 데이트레이딩(장기적인 단타 매매)을 할 때 지속적으로 수익을 올릴 기회가 높아진다고 믿는다.

규칙들을 향하여

이제는 롱텀 데이트레이딩이 무엇인지 좀더 분명하게 알았으므로, 우리가 알고 있는 몇 가지 비결을 공개할 차례이다. 다음 장에서 우리는 어떻게 성공적인 단기 거래인이 되는지 설명할 것이다. 우리의 목표는 당신이 단기 거래인들의 전략과 전술을 사용해 일간, 주간, 혹은 연간 투자 수익을 높이도록 돕는 데 있다.

2

단기 거래에서 꼭 지켜야 할 규칙들

Short Term Trading Rules

Short-Term Trading Rules

단기 거래는 포트폴리오의 30% 미만으로

성공적인 거래인이 되는 법을 배우는데는 시간이 필요하다. 롱텀 데이트레이더가 되는데 필요한 지식과 경험을 얻기 전에는 세상에서 가장 성공적인 전략도 도움이 되지 못한다. 따라서 포트폴리오의 20~30%만을 단기 거래에 사용할 권유한다. 하지만 그 비율이 5천 달러를 넘지 않으면, 매달 50~100 달러를 인덱스 펀드나 뮤추얼 펀드에 넣어 더 많은 거래 자금을 확보하라.

이 책에서 소개하는 전략들을 실행하는 데 필요한 최소한의 자본인 5천 달러를 확보한 후에는 얼마나 많은 돈이 있어야 하나?

롱텀 데이트레이딩을 시작하는데 얼마나 많은 돈이 있어야 하는지 간략하게 말한다면, 우리는 "당신이 잃을 수 있는 만큼을 투자

하라"고 얘기한다. 이상적으로 당신은 1만5천~2만 달러의 투자 자금이 있어야 할 것이다. 돈이 많으면 더 많은 주식을 살 수 있기 때문이다.

이 경우에 당신은 많은 주식에 분산 투자해서, 하나의 주식에서 손해가 나면 피해를 볼 것이라는 걱정을 하지 않아도 된다. 초기 자본이 5천 달러를 넘지 못하면 더 적은 주식밖에 살 수 없고, 그러면 위험은 높아지고 수익은 줄어든다.

또 하나 기억할 점은, 직접 주식을 거래하는데 필요한 온라인 계좌의 개설을 위해서도 자금을 확보해야 한다. 이렇게 하는데는 대개 2천~5천 달러가 들어간다. 물론 몇몇 증권사는 1천 달러만 있어도 계좌 개설을 해준다.

당신의 포트폴리오에서 나머지 70~80%는 초우량 가치주나 성장주, 뮤추얼 펀드, 혹은 인덱스 펀드에 투자하라. 이것은 롱텀 데이트레이더가 되기 위한 열쇠이다.

이 책에서 소개하는 전술과 전략들의 대다수는 아주 공격적이며, 그래서 위험을 싫어하는 투자가에게는 권할 것이 못 됨을 우리는 안다. 누구라도 힘들게 번 돈을 불안하거나 잠을 설치게 만드는 투자 전략에 투입하는 위험을 안아서는 안 된다. 시장의 실적을 능가하려면 시장의 변하는 상황에 적응할 수 있어야 한다. 그래서 우리는 당신이 포트폴리오의 일부만을 사용해 단기적인 거래 전략들을 실행해 보라고 얘기한다.

어쨌거나 당신이 장기적인 투자가로서 성공을 거두었다면, 갑자기 모든 주식과 뮤추얼 펀드를 팔아 새로운 전략을 시험하는 데 투입하는 것은 무리이다. 당신은 포트폴리오의 30%만을 단기 거래에 투입할 때라야, 한번의 실수로 망가질지 모른다는 걱정 없이 공격적이 될 수 있다. 당신은 불필요한 위험을 안지 않고도 상당한 수익을 올릴 수 있다고 우리는 믿는다. 목표는 매년 지속적인 수익을 올리는 것이며, 당신은 전체 포트폴리오를 위험에 처하지 않고도 그렇게 할 수 있다.

그러나 당신이 더 많은 위험에도 느긋할 수 있다면 투자 비율을 조정할 수 있다. 예를 들어 일부 롱텀 데이트레이더는 포트폴리오의 50%를 장기적인 투자에 사용하고 나머지 50%를 단기 거래에 사용한다. 최종 결정은 당신의 위험 감수 정도, 거래 자본, 그리고 금융적인 목표에 달려 있다.

펀더멘탈들에 너무 얽매이지 말라

많은 전문적 재무 관리자들은 펀더멘탈들이 모든 것을 의미한다고 당신에게 얘기할 것이다. 그들은 주가수익율, 수익성, 그밖에 많은 대차대조표의 비율들을 연구하는 데 많은 시간을 보낸다. 그들은 자신들이 분석하는 수천 가지 숫자들에 기초해 어떤 회사가 좋은 투자라고 느끼는지 당신에게 얘기한다.

하지만 여기서 기억해야 할 중요한 요인이 하나 있다. 즉, 그들은 장기적인 관점에서 생각한다. 그들이 하는 추천은 대개 어떤 주식의 실적이 향후 몇년 동안 어떠할지에 관한 자신들의 느낌에 근거한다.

우리가 당신에게 가르치는 거래는 일주일 이상 지속되는 적이 별로 없다. 우리는 평생 동안 주식을 보유할 필요가 없다. 우리는 그냥 그것을 잠시 빌렸다가 목적을 달성하면 돌려줄 뿐이다. 당신의 경험이 장기적인 투자에만 국한되어 있다면, 그래서 당신이 단기 거래를 해본 적이 없다면, 이것은 당신에게 새로운 개념일 수 있다. 우리는 단기적인 거래에서 개별 주식들의 펀더멘탈은 별로 중요하지 않다고 생각한다.

그 이유는 간단하다. 당신은 순전히 기세(momentum)와 기술적인 시장 지표들에 근거해 주식을 사고 판다. 그 주식의 주당 수익이 6달러이건 1달러이건 문제가 되지 않는다. 그 주식의 주가수익율이 20이건 200이건 문제되지 않는다.

당신은 그 주식에 투자하는 것이 아님을 기억하라. 당신은 단지 그것을 며칠 동안 사용할 뿐이다. 당신이 통계적으로 입증된 기술적 요인들과 기세를 활용한다. 당신의 보유 기간이 짧을수록 펀더멘탈들에 대한 의존은 낮아진다.

당신이 그 주식을 앞으로 50년 동안 보유할 생각이라면, 그 회사에 대해 모든 것을 알아야만 할 것이다. 하지만 보유 기간이 하루나 일주일에 불과하다면, 주식 코드를 제대로 알고 기술적 분석을 철저히 이해하면 그만이다.

기술적 분석을 공부하라

당신은 기술적 분석에 크게 의존해 어떤 주식을 사거나 팔지를 결정한다. 따라서 당신은 그것에 대해 가능한 많이 배워야만 한다. 그러기 위해서는 차트 유형, 거래량, 그리고 가격 수준을 보아 시장의 방향은 물론 당신이 사려는 주식의 가격 방향도 알아낼 필요가 있다. 그 회사의 수익성이 앞으로 몇년 동안 계속해서 높아질 것이라고 생각하는 투자가들과 달리, 단타 매매자들은 향후 이틀이나 몇주 동안에 어떤 일이 일어날 것인지에 더 관심이 많다. 당신은 아주 짧은 기간 동안 주식을 사고 팔기 때문에, 충분한 거래량과 가격 변동만 있다면 시장이 오르건 내리건 상관이 없다.

곧 소개할 규칙들에서 우리는 어떤 주식을 사야 할지 결정하는데 도움이 되는 기술적 지표들을 자세하게 설명할 것이다. 당신은 또 매수 기회를 나타내는 특정한 주식의 유형을 어떻게 알아내는지도 배우게 된다. 대부분의 전문가들은 거의 누구에게나 단기적으로 어떤 주식을 살지 결정할 때 보아야 할 유형과 신호들을 가르칠 수 있다고 생각한다. 그러나 더 많은 지식과 경험이 있어야만 차트 유형의 작은 차이들과 예외들을 알아낼 수 있다.

당신은 성공적인 단타 매매자가 되고 싶은가? 그렇다면 기술적 분석에 대해 가능한 한 많은 것을 배워야만 한다. 기술적 분석에 대한 당신의 지식을 개별 회사들에 대한 펀더멘탈 자료의 이해와 결합시키면, 당신은 시장에서 큰 수익을 올릴 수 있다.

늘 시험적인 거래부터 시작하라

당신이 단기적인 거래의 기법들을 배우는 동안, 먼저 연습을 하거나 시험적인 거래를 한 후에 실제로 힘들게 번 돈으로 투자를 해야 한다고 생각한다. 종이나 컴퓨터에서 먼저 거래를 해보고, 그러면서 당신의 수익이나 손실을 측정하라. 물론 종이 거래에서 성공한다고 반드시 훌륭한 거래인이 되는 것은 아니다. 진짜 돈으로 거래를 시작하면 당신은 감정을, 특히 두려움과 욕심을 컨트롤할 수 있어야 한다.

하지만 종이 거래에서 수익을 올리지 못한다면, 그것은 당신이 단기 거래인으로 적합하지 않다는 신호일 수도 있다. 그럴 때 당신은 더 많은 공부와 연습이 필요하거나, 다른 거래 시스템을 찾아야 하거나, 그냥 장기적인 거래만을 해야 한다.

단기 거래는 누구나 할 수 있는 것이 아니며, 책에서 그것이 아무리 쉬워 보여도 여전히 기술, 열정, 그리고 필요한 능력이 있어야만 규칙들을 따를 수가 있다.

빨리 팔아라

주식을 얼마나 오래 보유하느냐는 질문을 받았을 때, 워런 버핏은 언젠가 이렇게 대답했다. "영원히." 비록 그는 장기 투자 전략으로 엄청난 성공을 거두었지만, 버핏의 천재성은 자신이 평생 보유할 수 있는 회사들을 고르는 데 있다. 버핏은 자신이 아는 회사들의 주식을 자신이 적절하다고 생각하는 가격에 매수한다. 이것은 그가 인터넷 주식들의 매수를 피하는 한 가지 이유이다. 당신은 투자가로서 싸게 보이는 주식들을 매수해 버핏이 말하는 적정 가치에 도달할 때까지 보유함으로써 큰 성공을 거둘 수도 있다.

당연히 장기적인 투자가들은 워런 버핏을 모범으로 삼으려 한다. 하지만 단타 매매자로서 당신의 목표는 가능한 한 빨리 수익을 올리는 것이다. 따라서 당신이 장기적인 투자를 지향한다면, 단타 매매자로 변하는 것은 그렇게 쉽지 않을 것이다. 다행히도 당신은 열심히 공부하고 노력하며 시험적인 거래를 먼저 할 때 점차 나아질 수 있다.

일반적으로 말해서, 당신은 장기적인 투자와 단기적인 투자가 모두 가능한 주식들을 찾을 수 있다. 일부 신기술 주식들이 생각나는데, 이를테면 델 컴퓨터, 에릭슨, 그리고 아마존과 AOL 같은 인터넷 주식들이다. 이런 주식들은 장기적인 전략과 단기적인 전략을 모두 사용할 수 있다. 어떤 주식이 장기적인 투자에 아주 적합하다고 판단되면, 당신이 갖는 포트폴리오의 장기적인 부분을 위해 그것을 매수하라.

하지만 당신이 어떤 주식을 장기적인 관점에서 산다고 해서 그것을 단기적으로 거래할 수 없다는 말은 아니다. 많은 주식들은 변동성이 있기 때문에 단기적인 거래 수익도 짭짤할 수 있다. 당신이 어떤 주식을 장기적인 관점에서 산다면, 당신은 이미 그 회사를 잘 알 것이고 그 회사의 펀더멘탈을 이해하고 있을 것이다.

기술적인 지표들을 분석하고 몇번의 시험적인 거래를 해보라. 예를 들어 당신은 마이크로소프트가 향후 20년 동안 운영체계 분야에서 지배적인 회사가 될 것이라고 믿기 때문에 이 회사의 주식 500주를 핵심 포지션으로 갖고 있다고 하자. 이 포지션을 중심으로 시험적인 거래를 해보라. 마이크로소프트가 강세일 때 추가로 300주를 매수하라. 반면에 차트들이 이 회사의 약세를 나타내면 당신의 핵심 포지션을 줄여라. 이렇게 하면 당신은 마이크로소프트의 단기적인 변동성을 활용할 수 있다.

우리는 또 타이탄(Titan)이라는 회사의 주식에도 이런 전략을 성공적으로 사용했다. 우리가 갖고 있는 포트폴리오의 장기적인 부분을 위해 이 회사의 주식 1000주를 매수했다. 그런 후에 이 회사의 주식에 대해 일련의 단기적인 거래를 하면서, 이 회사의 주식이 차트에서 오르고 내릴 때마다 1～2포인트의 수익을 챙겼다. 이것은 롱텀 데이트레이딩의 완벽한 예라고 할 수 있다!

적합한 중개인을 찾아라!

몇년 전만 해도 당신이 선택할 수 있는 중개인의 종류는 그리 많지 않았다. 당신에게는 기본적으로 두 가지 선택이 있었다. 하나는 종합 서비스 중개인이었고, 다른 하나는 할인 중개인이었다. 종합 서비스 중개인은 종합적인 투자 조언도 제공했기 때문에 더 높은 주문 수수료를 받았다. 할인 중개인은 더 낮은 수수료를 받았지만 대신에 투자 조언은 제공하지 않았다. 이들은 그냥 주문만을 처리했다.

오늘날 당신은 전통적인 종합 서비스 중개인, 할인 중개인, 인터넷상의 온라인 중개인, 나아가 직접 접속하는 온라인 중개인까지도 선택할 수 있다. 지금 이 책을 읽는 당신은 종합 서비스 중개인을 선호하는 사람은 아닐 것이다. 따라서 당신에게는 몇 가지 다른 선택이 남아 있다.

당신이 컴퓨터로 주문을 하는데 편안함을 느끼지 못한다면, 할인 중개인에게 전화를 걸어 주문을 하는 것도 생각할 수 있다. 하지만 이 경우에는 거의 언제나 더 높은 수수료를 지불해야 한다. 아직까지는 전화로 주문을 하는 것이 컴퓨터로 주문을 하는 것보다 더 많은 비용이 든다.

당신이 인터넷상의 중개인에게 주문을 낼 때, 이 주문은 인터넷 브라우저를 통해 또다른 거래인, 대개는 제3자인 회사에 이메일로 보내진다. 그리고 이 거래인이 당신을 대신해 주문을 처리한다. 이와 같은 방식은 널리 퍼져 있지만, 여기에는 몇 가지 불리한 점이 있다.

예를 들어 대부분의 인터넷을 기반으로 하는 중개인들은 자신들에게 온 주문 흐름을 시장 조성(market-making) 회사에 판매한다. 이 거래 회사의 수익은 사자 주문과 팔자 주문 사이의 차액(spread)

이기 때문에, 당신의 주문은 대개 살 때는 가장 높은 시장 가격에, 팔 때는 가장 낮은 시장 가격에 처리된다.

또 하나 고려할 점은, 대부분의 인터넷상의 중개인들은 상당히 느리고 때로는 불안정한 시스템을 사용한다. 롱텀 데이트레이딩에서 속도는 아주 중요한 것임을 기억하라. 그들의 시스템이 당신의 주문을 받아 처리하는 데 30초나 걸린다면, 당신은 자신의 많은 거래에서 가장 이상적인 매수 및 매도 포인트를 놓치게 된다. 또한 그들의 시스템이 자주 다운된다면, 당신은 종종 당혹스런 입장에 처하게 된다.

직접 접속하는 거래는 인터넷 기반의 거래와 상당히 다르다. 이것은 당신의 컴퓨터에 설치된 독립적인 소프트웨어를 사용해 직접 나스닥(NASDAQ)과 나이스(NYSE)의 컴퓨터들에 주문을 내는 것이다. 다시 말해, 직접 접속하는 거래에서 당신은 중개인의 거래 객장을 완전히 넘어서게 된다. 그래서 당신의 주문은 대개 ECN이 처리하기 때문에 훨씬 더 잘 처리된다. ECN은 매수자들과 매도자들의 주문을 자동적으로 연결시키는 컴퓨터들의 네트워크이다. 잘 알려진 ECN 중 하나는 아일랜드(Island: ISLD)이다. 또 다른 혜택은 당신의 주문이 훨씬 더 빨리 처리된다는 점이다. 이것은 중요하다. 빠르게 움직이는 시장에서는 신속하게 주문이 처리될 때 더 나은 가격에 주식을 사거나 팔 수 있기 때문이다. 그러나 직접 접속하는 거래에서는 대개 자료비 및 수수료를 지불해야 한다는 점도 알아야만 한다.

물론 우리는 어느 특정한 중개인을 추천하지는 않는다. 하지만 적어도 주문 흐름을 팔지 않고 ECN을 사용하며 안정적인 네트워크를 갖고 있는 인터넷 기반의 중개인을 활용할 수 있어야 한다. 이보다도 좋은 것은, 만일 당신이 자료 구입을 위해 매달 추가로 비용을 지불하는 데 괘념치 않는다면, 직접 접속하는 거래이다. 단타 매매를 전문으로 취급하는 중개인은 누구든지 나름의 직접 접속 소프트웨어를 갖고 있다. 우리가 볼 때 대부분의 직접 접속 소프트웨어는 기본적으로 같은 것이다. 따라서 당신이 믿을 수 있는 중개인만 선택하면 된다. 약간의 수수료를 절약하려다가 느리고 비효율적인 주문 처리로 수백 달러를 잃는다면 아무 소용이 없다.

나이스와 나스닥의 차이를 알아라

미국에는 기본적으로 세 가지 주요 시장이 있다. 뉴욕주식거래소(NYSE), 전국 증권취급자협회 자동주문시스템(NASDAQ), 그리고 미국주식거래소(AMEX)이다. 그러나 당신은 시가총액이나 거래량의 수준으로 볼 때 규모가 큰 나스닥과 나이스에 초점을 맞추어야 한다. 아멕스는 시가총액이 큰 주식들이 적기 때문에 단타 매매로는 적합치 않다.

나이스(NYSE)

나이스는 세계에서 가장 시가총액이 큰 시장이고 가장 잘 알려진 거래소이다. 이곳에 등록된 기업은 3천 개가 넘는다. 나이스 주식들의 시장은 한 사람의 전담자(specialist)가 조성한다. 주식 하나마다 전담자가 하나씩 있다. "시장을 조성한다"는 것은 매수 주문과 매도 주문을 연결시킨다는 뜻이다.

우리가 나스닥 주식보다 나이스 주식을 더 좋아하는 이유는 그것들이 보다 논리적인 방식으로 움직이기 때문이다. 물론 일반적으로 주식 시장은 논리적으로 움직이지 않지만, 나이스 주식들은 대체적으로 나스닥 주식들보다 더 논리적인 방식으로 움직인다. 그래서 나이스 주식들은 지지선과 저항선 같은 일반적인 지표들을 따라 거래할 때, 더욱 논리적인 결과를 낳는다. 이렇게 되는 기본적인 이유는 대부분의 단타 매매자들이 나이스 주식을 다루지 않기 때문이다. 그래서 나이스의 주식들은 끊임없이 사고 파는 단타 매매자들의 영향을 덜 받기 때문에 좀더 예측이 가능한 방식으로 오르거나 내린다.

우리가 나이스의 주식들을 선호하는 또 하나의 이유는 일단의 시장 조성자들이 아니라 개별적인 전담자들이 그것들을 다루기 때문이다. 그래서 우리는 각각의 주식 전담자들이 어떤 거래 패턴을 보이는지 더 쉽게 알 수 있다.

나이스의 주식들을 알아보는 가장 쉬운 방법은 거래 코드에 들어있는 글자의 수를 보는 것이다. 글자의 수가 셋을 넘지 않으면, 그 주식은 나이스나 아멕스의 주식이다.

나스닥(NASDAQ)

1971년에 설립된 나스닥은 5천 개 이상의 주식이 활발하게 거래되는 전자 주식 시장이다. 대부분의 단타 매매자는 일부 나스닥 주식의 극심한 변동성 때문에 나스닥을 더 좋아한다.

단타 매매자들은 변동성을 이용하려 하지만, 우리는 개인적으로 나스닥 주식들을 그다지 좋아하지 않는다. 나스닥에는 초보 거래자들이 너무 많기 때문이다. 그래서 나스닥의 주식들은 아주 빠르게, 종종 아무 이유도 없이 추세가 반전된다.

나스닥은 일단의 시장 조성자(market maker)들이 시장을 조성한다. 해당 주식의 시가총액에 따라 다르지만, 나스닥의 주식은 대개 10~50명의 시장 조성자가 거래한다. 우리는 이것을 불리한 상황으로 생각한다. 각각의 주식을 다수의 시장 조성자가 거래하기 때문에 거래 패턴을 알아내기가 쉽지 않은 것이다.

우리가 볼 때 나스닥의 주식들은 극심한 변동성과 다수의 시장 조성자 때문에 거래 위험이 더 높다. 나이스의 주식들은 수익적인 거래가 훨씬 더 쉬운 것 같지만, 그것은 어디까지나 개인적인 적성 문제이다. 당신도 경험과 지식을 쌓으면서 어느 거래소가 자신에게 더 맞는지 결정해야 한다.

개별 전담자들과 시장 조성자들을 분석하라

주식이 그렇게 거래되는 이유는 기본적으로 시장 조성자나 전담자들이 있기 때문이다. 시장 조성자와 전담자들에 관한 얘기는 한권의 책으로 써도 충분하다. 하지만 여기서는 그들이 하는 게임에서 그들을 이기려고 애쓰지 말라는 얘기만 하고 싶다. 많은 전문 거래인들은 시장 조성자와 전담자들을 이기는 것이 가능하고 이겨야 한다고 얘기할 것이다. 그러나 우리의 생각은 전혀 다르다.

논리적인 관점에서 볼 때, 그들이 어느 종목에 얼마만큼의 매수, 매도 주문을 다루고 있는지 당신이 모르는데 어떻게 당신이 그들을 이길 수 있겠는가? 따라서 그들을 이기려 하지 말고 그들과 함께 가면서 그들이 하는 대로 하라. 이렇게 하려면 당신이 거래하는 주식에 시장 조성자와 전담자들이 사용하는 기법을 공부해야 한다.

전담자(specialists)

전담자들은 모두가 서로 다른 방식으로 자신들의 주식을 거래한다. 전담자는 주식 하나 당 한 사람뿐임을 기억하라. 그래서 잘 지켜보면 이 사람의 스타일을 아는 것은 쉽다. 우리는 단타 매매를 하는 동안 잘 관찰해서 전담자들을 잘 알게 된 결과, 예를 들어 수석 전담자가 휴가를 가서 다른 전담자가 우리의 주식을 거래하는 것을 알아채곤 했다.

장중에 실시간으로 주식이 거래되는 것을 지켜볼 수 있다면, 당신은 몇 가지 사항을 유심히 보아야 한다.

▶ **해당 전담자는 자신이 보여주는 그 '물량'을 정말로 거래하는가?**

나이스와 아멕스의 주식이 거래될 때는 가격과 물량이 나온다. 먼저 사자 주문과 팔자 주문의 가격이 보이고, 그 옆에 거래량이 보인다. 이와 같은 물량은 사거나 팔려는 주식의 숫자를 나타낸다. 많은 경우에 전담자들은 팔자 주문에 20만 주를 보이고 사자 주문에는 가령 3천 주만 보인다. 이것을 보았을 때 우리는 겁을 먹고 주식을 팔았다가 금방 주가가 올라가는 것을 목격하곤 했다. 우리가 주식을 판 것은 그 전담자의 장부에 사자 주문보다 팔자 주문이 훨씬 더 많았기 때문이다.

하지만 우리는 전담자가 보여주는 물량에는 크게 신경을 쓰지 말아야 함을 배웠다. 왜냐하면 그것은 종종 착각을 유발하기 때문이다. 팔자 주문의 물량이 많다는 것은 그 전담자에게 들어온 사자 주문이 많다는 표시에 불과할 수도 있다. 이 사람은 물량이 많은 사자 주문을 그냥 처리하지 않고 먼저 팔자 주문을 보임으로써 거래자들에게 겁을 주곤 한다. 그런 후에 이 사람은 즉시 팔자 주문의 물량을 처리한다. 이 사람에게는 이미 처리해야 할 사자 주문이 많기 때문이다.

이것은 다소 혼란스러울 수도 있지만, 중요한 것은 전담자의 물량 처리 방식을 분석하고 언제 어떻게 그런 물량이 처리되는지 알아내는 것이다. 이것을 알면 사자 주문이나 팔자 주문이 착각을 유발하는 것인지, 아니면 실제로 물량을 반영하는 것인지 확인하는 데 도움이 된다.

▶ **해당 전담자는 임박한 변화의 어떤 징후를 보이는가?**

일부 전담자들은 극히 평범한 징후들을 보이면서 주가를 높이곤 한다. 다른 전담자들은 주가를 올리기 전에 주가를 낮춤으로써 거래자들을 혼동시키고 싼 가격에 주식을 매수한 후에 주가를 높인다. 그리고 어떤 전담자들은 오랫동안 일정한 가격을 유지하다가 갑자기 주가를 높이곤 한다. 여기서 알아야 할 가장 중요한 점은 전담자들마다 서로 다른 방식으로 주가를 높이거나 낮춘다는 것이다.

우리는 개인적으로 우리가 자주 거래하는 각각의 주식에 대해 전담자들이 어떤 경향을 보이는지 파악해 놓고 있다. 그래서 우리는 훨씬 더 좋은 거래를 할 수 있는데, 가령 우리가 오래 보유하는 어떤 주식의 가격이 갑자기 떨어지면, 우리는 이것이 일시적인 급락인지 장기적인 추세의 반전인지 알아낼 수 있다. 우리가 이렇게 할 수 있는 것은 전담자들의 거래 패턴을 관찰하면서 분석하기 때문이다. 물론 모든 주식에 대해 거래 패턴을 일일이 알아내기는 어렵다. 하지만 당신도 이런 것들을 알 수 있어야만 더 좋은 거래를 할 수 있다.

시장 조성자

아쉽게도 시장 조성자는 전담자들보다 파악하기가 더 어렵다. 나이스의 주식에는 각각 한 사람의 전담자만 있지만, 나스닥의 주식에는 각각 다수의 시장 조성자가 있기 때문이다. 우리가 아는 일부 가장 성공적인 거래인들은 이런 이유 때문에 나이스의 주식들만 거래하고 싶어한다.

만일 당신이 나스닥의 주식들을 거래하고 싶다면, 나스닥의 레벨 2 (Level II) 주문을 제공하는 증권사를 강력하게 추천한다. 레벨 2 주문은 나스닥의 주식들을 다루는 시장 조성자들의 활동을 볼 수 있게 하기 때문이다. 당신은 특정한 시장 조성자가 해당 주식의 사자 주문을 내는지, 팔자 주문을 내는지, 혹은 별다른 행동을 하지 않는지 알 수 있다. 뿐만 아니라 레벨 2 주문은 주식을 사거나 파는 시장 조성자들의 실제적인 거래량도 알 수 있게 해준다. 이것은 종종 해당 주식의 단기적인 움직임을 나타내곤 한다.

점심 시간의 거래는 피하라

하루 중에서 거래가 가장 느린 시간은 대개 11시 반에서 1시 반 사이이다. 왜 이 시간대의 거래가 가장 부진한지에 대해서는 여러 가지 이론이 있다. 어떤 사람들은 고참 전담자들과 시장 조성자들이 점심을 먹으러 가기 때문에 비교적 신참인 사람들에게 해당 주식의 거래를 맡긴다고 생각한다. 이 이론에 따르면, 비교적 신참인 사람들은 해당 주식의 가격을 가능한 변화시키기 않음으로써 불필요한 손실을 줄여야만 한다. 이 이론이 맞는 것이라면, 해당 주식은 신참 전담자나 시장 조성자가 전과 다른 방식으로 거래하기 때문에 평상시와는 다른 양상을 보이게 된다.

그 이유가 무엇이건, 거래가 한산한 한낮의 이 시간대는 피하는 것이 좋다. 점심 시간대의 주식 거래는 해당 주식의 실제적인 매수 및 매도 관심을 제대로 반영하지 못하기 때문에 착각을 유발하기 쉽다.

점심 시간대의 거래에서 나타나는 또 하나의 문제는 유동성이다. 점심 시간에는 대개 거래량이 크게 줄어들며, 그래서 퍼짐(spread)은 종종 더 크게 나타난다. 특히 나스닥의 주식들이 더 심한데, 점심 시간에는 또 가격의 변동폭도 적다. 물론 점심 시간대의 거래로 큰 손실을 입을 가능성은 크지 않을 것이다. 하지만 이 시간대에 시장에 들어가지 않는 습관을 기르면, 잘 모르는 상황을 피할 수 있기 때문에 주식 거래는 더 쉬워진다.

"널뛰기" 주식들을 피하라

우리는 처음에 거래를 시작했을 때 갑자기 이상한 방식으로, 비교적 덜 알려진 2달러의 주식에서 모든 사람들의 관심을 사로잡는 15달러의 '대박' 주식으로 변하는 주식들에 흥미를 느꼈다. 우리는 이렇게 생각했다. "와! 무려 10배의 수익이네! 이런 주식들을 찾는 법을 반드시 알아내야겠다!"

우리는 대박을 터뜨릴 다음번의 주식을 찾기 시작했다. 우리는 부자가 된다는 희망을 갖고, 강한 기세를 보여주는 다음번의 값싼 주식에 많은 돈을 투자했다. 이 주식을 산 직후에 상황은 잘되어가는 것 같았다. 주가는 빠르게 올라갔고 우리는 금방 돈을 벌었다. "이 녀석은 하늘 끝까지 올라갈 거야!" 우리는 그렇게 생각했다. 하지만 그러다가 일이 터졌다. 우리가 주식을 산 지 며칠만에 그 주식은 다시 원래의 가격으로 돌아갔다. 우리는 수익을 모두 잃었을 뿐 아니라 큰 손실에도 직면하게 되었다. 우리는 대박이 될 것 같은 주식이 왜 2달러에서 13달러까지 올랐다가 다시 며칠만에 2달러까지 떨어졌는지 알아내야만 했다.

인터넷에서 이 주식에 대한 검색을 한 후에, 우리는 곧 우리가 흔히 말하는 '널뛰기' 주식에 당했음을 알게 되었다. 널뛰기 주식은 일종의 속임수 주식으로서, 내부자들이나 주식 투기꾼, 혹은 자본이 풍부한 거래인이 시세를 조작한다. 먼저 가짜 '내부자' 정보나 부풀려진 평가가 퍼지기 시작하고, 텔레마케터, 스팸메일, 인터넷 채팅, 뉴스그룹, 혹은 게시판 등을 통해 순진한 대중에게 전파된다. 이들이 목표는 매수 열풍을 일으켜 자신들이 갖고 있는 주식을 높은 가격에 파는 것이다. 일단 주식을 팔면 이들은 작전을 종료하고, 그러면 너도 나도 팔자 주문을 내기 시작한다. 그 결과 주식의 가격은 처음 출발했던 수준으로 떨어진다. 이제는 인터넷의 등장으로 이와 같은 작전이 널리 퍼지게 되었다. 그렇기 때문에 당신은 어떻게 해서든 이와 같은 널뛰기 주식을 피해야만 한다.

널뛰기 주식을 찾아내기

아쉽게도 널뛰기 주식을 찾아내는 간단 명료한 방법은 없다. 당국에서는 엄격한 규제를 통해 이런 일이 일어나는 것을 막으려 하지만, 모든 널뛰기 주식을 찾아내는 것은 불가능한 일이다. 그리고 주식 거래 시장에서는 고대 로마의 '매입자 위험 부담' 원칙, 즉 사는 사람이 조심해야 한다는 원칙이 그대로 적용된다. 따라서 당신은 주식을 사기 전에 이런 주식들을 찾아내는 법을 배워야만 한다.

주식을 분석할 때 보아야 할 한 가지 정보는 그 주식이 상장되어 있는 거래소이다. 많은 작전 주식은 장외 시장이나 나스닥의 소형주 시장에서 일어난다. 다음으로 알아야 할 것은 일일 거래량이다. 그 주식의 거래량이 몇주에 걸쳐 매일같이 꾸준하게 늘어났는가? (이것은 좋은 상황이다.) 아니면 그것이 어느 날 갑자기 늘어났는가? (이것은 경고의 신호이다.) 당신은 그 주식의 거래량과 가격이 갑자기 오른 합당한 이유를 찾아내야 한다. 이를테면 해당 기업의 좋은 소식 같은 것이다. 하지만 어떤 호재도 없는데 갑자기 거래량과 가격이 올랐다면, 당신은 세심한 주의를 기울여야 한다. 무언가 옳지 않은 일이 일어났을 수도 있는 것이다.

널뛰기 주식을 피하는 가장 좋은 방법은 당신이 잘 알지 못하는 주식으로서 가격이 낮고 거래량이 적은 주식은 무조건 배제하는 것이다. 그러다보면 때로는 합당한 이유 때문에 갑자기 가격이 오르는 주식을 놓칠 수도 있다. 하지만 이런 주식을 사기 위해 널뛰기 주식의 희생양이 될 필요는 없다.

시가총액이 큰 주식만을 거래함으로써, 당신은 널뛰기 주식의 위험을 피할 수 있다. 이런 주식들은 거래량이 많기 때문에 작전의 대상이 되기 어렵다. 따라서 우리가 주는 조언은 이것이다. 즉, 이와 같은 주식들만 거래하고 널뛰기 주식의 희생양이 되지 말라. 또 하나 좋은 방법은 널뛰기 주식에 대해 투자가들에게 정보를 제공하는 인터넷 사이트에 가보는 것이다.

소문이나 팁 주식을 피하라

누군가 당신에게 '절대로 손해보지 않는' 주식에 대해 얘기한 적이 있는가? 아마 그런 적이 있을 것이다. 그러면 결과는 어떻게 되었는가? 대개의 경우 당신은 그 주식에 돈을 좀 넣었고, 높은 기대를 가졌고, 그러다가 손해를 보거나 본전에 그쳤을 것이다.

현실을 직시하자. 누구든지 사실상 아무 위험도 없이 높은 수익이 가능한 기회에 귀가 솔깃한다. 그런 유혹을 뿌리치기는 쉽지 않다. 하지만 당신이 먼저 알아야 할 것은, 아무 위험도 없이 높은 수익을 올리는 것은 불가능하다는 점이다. 높은 수익의 가능성이 클수록 위험은 더 높다. 이 둘은 서로 맞물려 있다.

당신이 만나는 많은 사람들이 당신에게 아무도 모르는 정보를 자신들은 안다면서 주식 팁(tip)을 주려 할 것이다. 하지만 정말로 그렇다면 이것은 내부자 거래에 해당할 것이고, 만일 그렇다면 누구도 그런 얘기는 하지 않을 것이다. 그들은 그냥 자신들이 직접 그 주식을 살 것이다. 내부자 거래에 대한 처벌은 아주 엄격하며 모든 수익의 회수, 벌금, 그리고 자격정지를 포함한다. 따라서 누군가 당신에게 어떤 주식의 정보나 팁을 줄 경우에, 당신은 그것이 단지 추측해 불과할 것이라는 점을 알아야 한다.

요컨대, 팁을 근거로 게임을 하는 것은 아주 위험하다. 당신은 누군가의 조언을 받아들여 주식을 삼으로써 돈을 벌 수 있는가? 물론이다! 다만 늘 자신이 직접 조사를 해야 한다. 먼저 증권거래위원회의 웹사이트에서 회사들을 조사하라. 둘째, 그 주식을 사는 경우에는 포트폴리오의 일부만을 사용하라. 우리는 위험을 최소화하기 위해 전체 포트폴리오의 10%를 넘지 말아야 한다고 생각한다. 단 하나의 포지션이 당신의 전체 계좌를 깡통으로 만들어버릴 수 있다면, 당신의 투자 포트폴리오는 잘못된 것이다.

홈런이 아닌 안타를 쳐라

우리가 볼 때 초보자들이 저지르는 가장 큰 실수의 하나는 빨리 부자가 되려 하는 것이다. 또 다른 실수는 손절매를 하지 못하는 것이다. 이런 일반적인 실수들의 이유 중 하나는 욕심 때문이라고 생각한다. 욕심은 종종 성공적인 투자자가 될 수 있는 사람들을 무너뜨린다. 반드시 기억하라. 하나의 큰 거래가 아니라 한번에 하나의 거래에서 수익을 올려라. 이것이 어떻게 다른지 알아보자.

만일 당신이 매번의 거래에서 10포인트의 수익을 올리려 한다면, 당신은 욕심을 내는 것이고 결국에는 손해를 볼 것이다. 반면에 당신이 매번의 거래에서 1~2포인트의 수익을 올린다면, 당신은 올바른 수익성의 길을 걷는 것이다. 당신은 단 하나의 거래에서 10포인트의 수익을 올릴 수 있는가? 운이 따른다면 충분히 가능하다. 하지만 운이 따른다는 단서를 유념하라. 그리고 반드시 기억하라. 우리가 당신에게 가르치는 투자 기법의 목표는 최소의 위험으로 최대의 수익을 올리는 것이다. 그리고 운은 이와 같은 공식의 일부가 아니다. 만일 그렇다면 당신은 도박을 하는 것이며, 이것은 우리가 추천하는 것이 아니다.

1970년대에 미국에서 살았던 야구팬들은 피트 로즈와 마이크 쉬미트를 기억할 것이다. 두 사람 모두 성공적인 선수였지만, 피트 로즈는 수많은 안타를 친 것으로 유명하다. 그는 비록 많은 홈런을 치지는 못했어도 타율이 아주 높았고 지속적으로 성공적인 선수 생활을 했다. 반면에 마이크 쉬미트는 수많은 홈런을 친 것으로 유명하다. 그는 홈런을 칠 때 점수를 기록했고, 이 때문에 그는 홈런을 칠 때 성공했다. 하지만 그는 또 홈런을 치려다가 아웃을 당한 적도 무척 많았다. 무슨 말인지 이해하는가? 당신은 홈런을 치려는 과정에서 불가피하게 일어나게 될 많은 아웃의 위험을 안을 여유가 없다. 당신이 되고자 하는 선수는 안타를 치면서 매경기마다 진루하는 선수이다.

사람들이 우리에게 주식 거래로 하루에 얼마나 버는지를 물을 때, 그들이 보이는 반응은 상당히 다양하다. 일부 사람들은 우리가 주식 거래에서 그렇게 많은 돈을 벌 수 있다는 사실에 놀라지 않을 수가 없다고 얘기한다. 그러나 대다수의 사람들은 우리가 더 많은 돈을 벌지 않는다는 사실에 놀라지 않을 수가 없다고 얘기한다. 대부분의 사람들은 다음과 같은 점을 이해하지 못한다. 즉, 우리는 너무 많은 수익을 노릴 때 욕심을 부리는 것임을 알기 때문에 더 많은 돈을 벌려고 애쓰지 않는다. 우리는 그냥 매일같이 꾸준한 수익을 올리려 할 때 훨씬 더 성공적일 수 있음을 알게 되었다.

반드시 기억하라. 중요한 것은 얼마를 버느냐가 아니라 손해를 보지 않는 것이다. 대부분의 투자자들은 손해 때문에 망가진다. 주식 거래로 돈을 벌려면 매일같이 꾸준하게 수익을 올려야 한다. 홈런이 아니라 안타를 쳐야 한다.

공매도를 배워라

성공적인 단기 거래인이 되려면 어떤 시장 상황에서도 거래할 수 있는 법을 배우는 것이 필수적이다. 그리고 여기에는 공매도(short selling)도 포함된다. 특정한 주식에 투자해 가격이 오르기를 기다리는 것이 아니라, 주식을 공매도하는 거래인은 그 주식의 가격이 내리기를 기다린다. 공매도는 장기적인 투자가들이 이해하기에 어려울 수 있다. 공매도는 장기적인 투자가들의 일반적인 접근법과 반대되는 것이기 때문이다. 이런 이유로 인해서 이 규칙에 대한 우리의 설명은 이 책에 담긴 다른 설명보다 더 자세할 것이다.

우리는 과거 여러 해 동안 호황 시장에 익숙해 있었다. 그래서 주식을 거래하는 대부분의 사람들은 단순하게 주식을 사고, 그것을 오랫동안 보유하고, 가격이 오르기를 기다리고, 그런 후에 주식을 파는 데 익숙해 있다. 이와 같은 투자 방식에서 수익은 당연히 처음에 주식을 산 가격과 나중에 주식을 판 가격의 차이가 된다. 그리고 이것은 가장 일반적인 주식 거래 방식이다.

이와 같은 주식 거래 방식은 호황 시장에서 수익을 내는 경우가 많다. 하지만 호황 시장도 결국에는 끝나거나 적어도 속도가 느려지는 법이다. 물론 누구도 이런 일이 언제 일어날지는 예측할 수가 없을 뿐이지 언젠가는 불황 시장이 찾아올 것이다. 그리고 불황 시장이 찾아오는 데 15년이 걸린다 해도, 그 과정에서 시장은 여러 차례의 조정을 거치게 될 것이다. 조정은 간단하게 말해서 호황기에 일어나는 단기적인 하락 추세를 뜻한다.

시장이 불황이거나 일시적인 조정기에 있을 때, 일반적인 방식으로 단기적인 수익을 올리기는 무척 어렵다. 물론 이것은 기본적으로 단기 거래인들에게 해당하는 얘기이며, 장기적으로 주식을 보유하는 일반적인 투자가들은 그렇지 않을 수도 있다. 하지만 다행히도 당신은 공매도를 충분히 알기만 하면 하락 시장에서도 상승 시장 못지 않은 수익을 올릴 수 있다.

공매도란 무엇인가?

공매도는 일반적인 투자 방식과 아주 비슷하지만, 주식을 사고 파는 과정이 거꾸로 진행되는 점만 다르다. 먼저 주식을 산 후에 파는 것이 아니라, 일단 주식을 팔고 나서 나중에 증권사에서 (당신이 갖고 있지 않은) 주식을 빌려 팔아서 주가가 떨어지기를 기대하는 것이다. 주가가 떨어지기를 기대하는 이유는 나중에 그 주식을 사서 당신이 빌린 주식을 채워야 하기 때문이다.

이 경우에는 처음에 주식을 판 가격과 나중에 주식을 되산 가격의 차이가 당신의 수익이나 손실이 된다. 주가가 떨어지면 당신은 수익을 올리고 주가가 올라가면 손해를 본다. 주식을 빌린 후에 즉시 주식을 파는 과정은 공매도(short selling)라고 알려져 있다. (한국에도 공매도가 있지만 개인 투자가들은 이용할 수 없으며, 미국의 공매도와 더 근접한 한국의 투자 방식은 '대주' 제도이지만, 이것도 개인 투자가들은 사실상 이용할 수 없다—옮긴이)

예를 하나 들어보자. 가령 당신은 '인터네셔널 페이퍼(IP)'의 주가가 향후 2주일 동안 떨어질 것으로 기대하고, 그래서 이 주식을 공매도하기로 결정한다. 당신은 64달러 1/8의 가격으로 500주를 공매도하겠다는 주문을 낸다. 당신의 주문은 처리되며, 당신은 이제 500주의 IP 주식을 공매도하게 되었다. 다시 말해 당신은 500주의 IP 주식을 보유하는 것이 아니라 증권사에 500주를 갚아야 할 입장에 서게 되었다. 그런데 2주일 후에 가령 IP의 주가가 61달러로 떨어졌다고 가정해 보자. 당신은 이 주식이 더 이상 크게 떨어질 것으로는 보지 않으며, 그래서 이제는 빌린 주식을 되사야 할 때라고 결정한다. 당신은 가능한 한 가장 낮은 가격에 그 주식을 되사고 싶은 것이다. 그래서 당신은 IP의 주식 500주를 61달러의 가격에 사겠다는 주문을 낸다. 그리고 당신의 주문은 처리된다. 이제 당신은 주당 3달러 1/8 포인트의 수익을 내고 공매도 포지션을 정리하게 되었다. 당신은 IP의 주식을 64달러 1/8의 가격으로 팔았고 61달러의 가격으로 되샀기 때문이다. 당신이 처음에 주식을 팔았던 가격과 나중에 주식을 되산 가격의 차이가 수익이 된다. 이 경우에 당신의 수익은 주당 3달러 1/8이 된다.

공매도는 여러 가지 면에서 일반적인 거래와 비슷하지만, 거래 과정의 순서는 완전히 반대이다. 두 경우 모두 당신의 수익은 주식을 살 때 지불하는 가격과 주식을 팔 때 받는 가격의 차이이다. 그러나 공매도를 할 때는 먼저 주식을 팔고 나중에 주식을 사는 것이 다르다. 일반적인 거래에서는 먼저 주식을 사고 나중에 주식을 판다. 그리고 이 경우에 당신의 목표는 가능한 한 낮은 가격에 사서 가능한 한 높은 가격에 파는 것이다. 반면에 공매도를 할 때는 가능한 한 높은 가격에 먼저 주식을 팔고 가능한 한 낮은 가격에 주식을 되사는 것이 목표이다. 두 경우 모두 당신은 최대한의 수익을 올리게 된다.

공매도의 이점

공매도의 가장 분명한 이점은 하락장에서도 수익을 올릴 수 있다는 점이다. 하락장에서 돈을 버는 것은 당신이 성공적인 주식 거래에 핵심적인 것이다. 하지만 똑같이 중요한 것은, 공매도를 하면 호황 시장에서도 가격이 떨어지는 주식으로 돈을 벌 수 있다는 점이다. 다시 말해 호황 시장에서 일어나는 조정과 가격 급락을 이용하는 것이다. 일반적인 거래에다 공매도까지 더하면 당신의 수익 기회는 배로 늘어난다. 당신은 시장의 상승세와 하락세 모두를 이용할 수 있기 때문이다.

가격이 오르는 모든 대박 주식은 결국 언젠가는 가격이 떨어진다. 물론 그러다가 또다시 빠르게 상승 곡선을 타기도 하지만, 그럴 경우에도 어느 정도는 가격이 떨어졌다가 다시 올라간다. 당신은 공매도를 잘 이용하면 가격이 내리기 전에 공매도를 함으로써 이와 같은 조정과 가격 급락을 이용할 수 있다.

주식의 공매도에서 가장 좋은 점 하나는 주가의 하락세는 종종 상승세보다 훨씬 더 빠르다는 것이다. 이렇게 되는 이유는, 가격이 오르는 주식은 상승 과정에서 지속적으로 수익을 보며, 그래서 종종 상승 기세는 느려지기 때문이다. 그러나 가격이 떨어지는 주식은 대개 겁에 질린 투매를 경험하며, 그 결과 가격 하락은 한층 더 가속화된다. 그래서 주식의 공매도로 얻는 수익은 종종 일반적인 거래의 수익보다 더 높은 경향이 있다.

공매도의 위험

주식의 공매도는 상당한 수익을 올릴 수 있지만, 당신은 공매도의 위험을 반드시 알아야만 한다. 이것은 제대로 통제하지 않으면 위험이 아주 커질 수 있다. 주식의 공매도에서 가장 큰 위험은 다음과 같은 사실이다. 즉, 일반적인 거래에서와 달리, 당신은 제때 손절매를 하지 않으면 무제한의 손실을 볼 수도 있다.

당신이 주식을 살 때 당신이 입을 수 있는 손실의 최대치는 처음에 투자한 돈의 액수에 국한된다. 예를 들어 당신이 어떤 주식을 35달러의 가격에 100주를 산다면, 당신이 입을 수 있는 손실의 최대치는 처음에 투자한 돈의 액수, 즉 이 경우에는 3500달러로 국한된다. 당신의 손실이 3500달러로 제한되는 이유는 그 주식의 가격은 아무리 낮아도 영(0)의 밑으로는 내려갈 수 없기 때문이다. 하지만 공매도를 할 때는 손실이 훨씬 더 클 수 있고, 때로는 무한대가 될 수도 있다.

가령 당신이 어떤 주식을 48달러에 공매도했는데, 그 주식의 가격이 오르기 시작한다고 가정해 보자. 당신은 손절매를 하지 않고 더 오래 기다리면서, 그 주식의 가격이 더 낮은 가격으로 떨어지기를 기대한다. 당신은 놀라움과 공포 속에서 그 주식의 가격이 100달러, 200달러, 300달러, 혹은 그 이상으로 높아지는 것을 지켜본다! 어느 시점에 되면 당신은 할 수 없이 공매도 포지션을 해소해야만 한다. 마침내 당신은 배에 힘을 주고 200달러의 주당 가격으로 공매도 포지션을 해소한다. 당신은 그 주식에서 152포인트의 손실을 보게 되었다! 이처럼 당신은 돈을 주고 주식을 살 때보다 훨씬 더 많은 손실을 당할 수 있다. 따라서 늘 손실의 가능성을 생각하고 재빨리 손절매를 할 수 있어야 한다.

당신은 장기적인 투자를 하면서 가격이 떨어지는 주식을 살 때, 다시 주가가 오르기를 기다리면서 큰 손실을 보지 않으려 할 수도 있다. 하지만 공매도를 할 때는 주가가 처음에 팔았을 때의 가격으로 결코 떨어지지 않을 수도 있다. 그렇기 때문에 공매도를 할 때는 빨리 손절매를 하는 것이 아주 중요하다. 이 점은 아무리 강조해도 지나치지 않다. 작은 손실이 눈덩이처럼 불어나 엄청난 손실로 이어지지 않게 하라.

공매도의 자세

우리는 처음에 공매도를 할 때 상당한 시간이 지난 후에야 공매도에 대해서 편안한 감정을 갖게 되었다. 어쨌거나 주가가 떨어지거나 시장이 하락할 때 기분이 좋다는 것은 이상한 일이었다. 하지만 우리는 곧 이것이 바로 공매도의 재미 가운데 하나임을 알게 되었다.

우리가 다른 거래인들에게 우리는 때로 주식을 공매도한다고 얘기할 때, 그들은 종종 주식을 공매도하는 우리가 비관주의자라고 얘기한다. 우리가 볼 때 그들은 공매도를 제대로 이해하지 못하는 것이다. 간단하게 말해서, 우리는 두 가지 방식 모두를 사용해 시장에서 수익을 올리고 싶어한다. 우리가 생각할 때 일반적인 방식으로만 주식을 거래해야 할 어떤 타당한 이유가 없다. 우리가 볼 때 그것은 이치에 맞지 않는다. 당신은 당신이 만나는 대부분의 투자가들이 사실은 그렇게 전문적인 거래인들이 아님을 알아야만 한다. 그래서 그들은 공매도의 많은 이점들을 이해하지 못한다. 그것은 비관주의자의 거래가 아니다. 그것은 돈을 버는 방식에 불과하다!

성공적인 공매도 거래인은 또 단순히 어떤 주식이 고평가되어 주가가 너무 높다는 생각 때문에 그 주식을 공매도하는 것은 현명하지 않다는 점도 안다. 그런 식의 사고방식은 당신에게 치명타를 가한다. 우리가 아는 어떤 친구는 전에 퀄컴(QCOM)의 주식이 주당 65달러 가량일 때 이 주식이 너무 고평가되었으며 훨씬 더 낮은 가격에 거래되어야 한다고 생각하면서 퀄컴의 주식을 공매도했다. "이 회사는 지금 거래되는 가격의 4분의 1 가격으로 거래되어야 한다"고 그는 우리에게 말하곤 했다. 애석하게도 다른 거래인들과 투자가들은 그렇게 생각하지 않았다. 그후 퀄컴의 주식은 주당 670달러쯤에 거래되었고, 그 친구는 재빨리 손절매를 하지 않고 매일같이 주가가 오르는 것을 그냥 지켜보다가 결국에는 거의 60포인트의 손실을 감수하고 공매도 포지션을 해소했다. 오히려 그 친구는 125달러쯤의 가격에서 공매도 포지션을 해소해 다행이었다. 그렇지 않았다면 이 친구는 주당 600달러 이상의 손실을 보았을 것이다.

이 이야기의 교훈은 무엇인가? 단지 어떤 주식이 고평가되었다는 생각 때문에 그 주식을 공매도하는 것은 현명하지 못하다. 어쩌면 정말로 그 주식이 고평가되었을 수도 있지만, 어쨌든 그것은 문제가 되지 않는다. 다른 거래인들과 투자가들이 계속해서 그 주식을 사는 한, 그 주식의 가격은 계속해서 오르게 된다. 이런 경우에는 펀더멘탈이 문제가 되지 않는다. 어떤 주식이 고평가되었다는 생각 때문에 그 주식을 공매도하는 것은 화물 열차가 이제는 멈춰야 한다고 생각하기 때문에 그것을 막으려는 것과 같다.

물타기는 금물

만일 당신이 경험 많은 투자가로서 단기 거래에는 초보자라면, 이런 개념은 당신이 배운 모든 것에 반대되는 개념일 것이다.

투자가들은 종종 좋은 주식이 일시적으로 좋지 않은 결과를 내고 있을 때 늘 물타기(평균 원가 줄이기)를 해야 한다고 배운다. 다시 말해, 만일 당신이 GM의 주식을 처음에 68달러의 가격으로 샀는데, 한달 후에 이 주식의 가격이 61달러까지 떨어진다면, 당신은 61달러의 가격에 더 많은 GM의 주식을 사야 한다는 것이다. 이렇게 할 때 좋은 점은 이제 당신의 평균 구매 가격은 원래 구입한 68달러의 가격보다 더 낮아진다는 것이다. 그렇기 때문에 주가가 다시 오르면 더 쉽고 빠르게 수익을 낼 수 있다는 것이다. 우리가 알아야 할 중요한 점은, 물타기가 장기적인 투자에서 효과를 거두는 기본적인 이유는 당신이 투자하기로 결정한 그 우량 회사는 거의 언제나 궁극적으로 주가가 다시 또 올라간다는 판단 때문이다.

그러나 단기적인 거래는 그와 전혀 다른 개념에 근거하고 있다. 단기적인 거래에서는 다양한 기술적 분석을 사용해 빠른 수익을 노리게 된다. 따라서 단기적인 거래에서는 평균 원가를 줄이는 물타기가 별 도움이 되지 않는다. 왜냐하면 당신이 매입한 그 주식은 가까운 시일 내에 처음 매입 가격으로 돌아가지 않을 수도 있기 때문이다. 그런데 물타기를 하기 위해 다시 또 주식을 매입하면, 원래의 매수에서 발생하는 손실에다가 추가 매수에서 발생하는 추가적인 손실도 입을 수 있다. 요컨대, 롱텀 데이트레이더에게 있어서 물타기는 더 큰 손실로 이어질 수 있다.

또 다른 문제점은 물타기로 인해 당신의 여유 자금이 묶이게 된다는 점이다. 이렇게 되면 당신은 나중에 더 많은 수익을 안겨줄 수도 있는 다른 주식들을 살 수 없게 된다. 그러면 당신은 더 많은 주식을 매입해 손실을 메우는 것이 아니라, 주가가 손익분기점을 넘어설 때까지 마냥 기다리는 상황을 맞게 된다. 더 좋은 방법은 그냥 손실을 감수하고, 앞으로 나아가고, 새로운 거래를 하는 것이다. 그럼으로써 얼마나 더 빨리 손실을 메우고 수익을 올릴 수 있는지 당신은 놀랄 것이다.

예상이 빗나가면 빨리 나와라

주식 시장에서 사람들이 결정 내리기 어려운 것 중 하나는 추가 수익을 위해 주식을 보유할 것인지, 아니면 주식을 팔아 수익을 실현할 것인지의 여부이다. 당신이 정확하게 언제 주식을 팔아야 하는지 우리가 말해줄 수 있다면, 우리는 평생 일할 필요가 없을 것이다! 전문가들조차도 개별 주식을 파는 가장 좋은 타이밍에 대해 의견이 서로 다르다. 모든 규칙에는 수십 가지의 예외가 있다.

그럼에도 불구하고 우리는 몇 가지 일반적인 지침을 제시할 수 있다. 일부 단기 거래인들은 수익이 30~35%에 달하면 주식을 팔라고 권유한다. 그들은 전부를 팔지 않아도 보유 주식의 절반 이상은 팔아야 한다고 얘기한다. 다른 사람들은 주가가 오를 때마다 조금씩 포지션을 줄여야 한다고 얘기한다. 그렇게 해서 주가가 고점에 다다르면 모든 주식을 팔아야 한다는 것이다. 이와 같은 전략의 이점은 주가가 예상을 빗나갈 때 큰 포지션을 안지 않아도 된다는 점이다.

또 다른 거래인들은 직관으로 거래하라고 말하는데, 특히 언제 거래량이 바닥을 치고 추세가 반전하는지 아는 것 같은 단기 거래인들이 그러하다. 이것은 지식에 기반한 직관이다.

그렇지만 모든 프로 거래인들은 손절매를 사용해 수익을 실현해야 한다고 얘기한다. 우리가 볼 때, 단기 거래인의 가장 치명적인 실수는 손실을 한정짓지 못하는 것이다. 사실 당신이 이런 규칙을 따르지 않는다면, 나머지 다른 규칙들은 아무 소용도 없을 것이다. 이것은 우리가 겁을 주려는 것이 아니다. 우리는 이 간단한 규칙을 따랐다면 성공했을 많은 거래인들이 상처받는 것을 많이 본 적이 있다.

왜 그렇게도 많은 거래인들은 손절매를 못하는 것일까? 어쨌거나 이것은 기술적으로 그렇게 어려운 일이 아닌데 말이다. 그냥 팔자 주문만 내면 그만인데 말이다. 하지만 심리적으로 주식의 손절매는 우리가 처음 거래를 시작한 후로 우리의 머리에 깊이 박힌 투자의 기본 원칙들에 반대되는 것이다.

투자가들은 일반적으로 손절매에 대해 크게 걱정하지 않는다. 투자가들의 투자 기간은 일반적으로 적어도 5년 이상이기 때문에, 이들은 주가가 다시 최초의 매입 가격까지 회복될 때까지 충분히 기다릴 시간이 있다고 생각한다. 투자가들은 시장이 단기적으로 많은 요동을 겪어도 우량 주식들은 늘 장기적으로 가격이 다시 회복된다는 점을 알게 되었다. 그래서 투자가들은 가격이 떨어지는 우량 주식에 손절매를 해야 할 어떤 논리적 이유도 찾지 못한다.

그러나 단기 거래인으로서 당신은 전혀 다른 규칙들이 적용됨을 인식해야 한다. 당신의 보유 시간은 대개 며칠에서 일주일이지 몇 년이 아니다. 당신은 큰 손실을 안고 어떤 주식을 붙잡고 있을 여유가 없다. 손절매는 단기적으로 주식을 거래하는 사람들에게 아주 중요한 것이다.

손절매의 유형

당신이 사용할 수 있는 손절매의 유형에는 기본적으로 두 가지가 있다. 하나는 정신적인 손절매이고, 다른 하나는 물리적인 손절매이다. 이 둘 사이의 차이를 이해하고, 어느 것이 당신에게 맞는 것인지 확인해야 한다.

정신적인 손절매란 주가가 어떤 특정한 가격까지 오르거나 내리면 주식을 팔겠다고 머릿속으로 결심하는 것이다. 정신적인 손절매는 실제로 주식을 사기 전에 결심할 필요가 있다. 다시 말해, 주식을 사기 전에 미리 퇴장 전략을 세우는 것이다. 그런 후에 주가가 정말로 그 가격에 도달하면, 당신은 절제심을 갖고 정신적인 손절매를 단행해 빨리 주식을 처분한다.

정신적인 손절매의 이점은, 물리적인 손절매와 달리, 당신이 손절매를 사용하는지 전담자들과 시장 조성자들이 모른다는 것이다. 그래서 당신은 부당하게 포지션에서 벗어날 위험이 줄어든다.

정신적인 손절매는 일반적으로 가장 좋은 방법이다. 왜냐하면 그것은 주문을 더 잘 처리하고 당혹감을 덜 느끼게 하기 때문이다. 하지만 또 그것은 당신이 절제심을 갖고 머릿속에 그린 정신적인 손절매를 고수할 때만 효과가 있다는 점도 알아야만 한다. 만일 당신이 정신적인 손절매를 고수하는 데 필요한 절제심이 없다고 스스로 생각한다면, 그때는 물리적인 손절매를 사용하는 것이 더 낫다. 정신적인 손절매는 대단한 절제심을 요구한다.

뿐만 아니라 정신적인 손절매는 거래일 내내 시장과 당신의 주식을 물리적으로 지켜볼 것도 요구한다. 당신은 그것을 지켜보아야만 당신의 주식이 손절매의 기준으로 정한 가격에 도달하는지 알 수가 있다. 거래일 내내 주가를 지켜볼 수 없다면, 정신적인 손절매 방법은 당신에게 맞지 않는 것이다.

물리적인 손절매는 증권사의 중개인에게 어떤 주식이 특정한 가격까지 떨어지면 중개인이 자동적으로 팔자 주문을 내도록 주문하는 것이다. 물리적인 손절매의 주문 유형에는 두 가지가 있는데, 하나는 '한계 설정(stop limit)' 주문이고 다른 하나는 '시장 설정(stop market)' 주문이다.

한계 설정 주문은 주식이 특정 가격까지 오르거나 내리면 자동적으로 주문이 처리되어 특정한 가격 이상으로 주식이 팔리게 하는 것이다. 한계 설정 주문의 이점은 더 좋은 가격으로 주식을 팔 수 있다는 것이다. 하지만 주문이 전혀 처리되지 않을 수도 있는 것이 불리한 점이다. 왜냐하면 당신의 주문은 당신이 정한 한계 가격이 될 때에만 처리되기 때문이다. 주가가 빠르게 떨어질 때는 당신이 정한 한계 가격 밑으로 가격이 떨어지고 계속해서 더 떨어져도 주문이 처리되지 않을 수 있다.

따라서 우리는 당신이 시장 설정 주문을 사용하도록 권유한다. 시장 설정 주문은 주가가 당신이 정한 가격에 도달하면 당신의 '팔자' 혹은 '사자' 주문은 시장 주문이 되고, 그래서 다음번의 가격이 얼마가 되건 당신의 주문은 처리되기 때문에 훨씬 더 신뢰할 수 있다. 당신은 원래 계획한 것보다 약간 더 많은 손해를 볼 수도 있지만, 적어도 당신은 주식을 처분할 수 있다. 당신의 한계 설정 주문이 처리되지 않을 때 몇 포인트의 손실을 입을 수도 있는데, 왜 1/8 정도의 손실을 걱정하는가?

둘의 차이를 설명하기 위해 몇 가지 예를 보기로 하자. 가령 당신은 시어즈(Sears)의 주식을 주당 47달러 3/4에 장기적으로 투자하고 있는데, 이 주식은 현재 48달러의 가격에 거래된다고 가정해 보자. 당신은 처음에 주식을 샀을 때 주가가 46달러 1/2 밑으로 내려가면 주식을 팔아 손절매를 하겠다고 결정했다. 그래서 당신은 46달러 1/2의 가격에 시장 설정 주문을 해놓는다.

다음날 아침 일어나 보니, 시어즈가 개장 전에 무언가 좋지 않은 소식을 발표한다. 시어즈의 주가는 47달러에 시작되어 빠르게 46달러 1/2까지 내려간다. 시어즈의 주식이 그 가격에 거래되는 순간, 당신의 시장 설정 주문은 처리되어 당신이 갖고 있던 주식은 시장 가격에 팔린다. 주가는 더 내려가지만 당신의 주문은 이미 처리되었다. 약간의 손해는 보았지만 더 이상의 손실은 없다. 반면에 당신이 한계 설정 주문을 해놓았다면, 주가가 빠르게 떨어질 경우에 당신의 주문은 처리되지 않을 가능성이 높다. 그러면 당신은 시장 설정 주문을 했을 때보다 훨씬 더 큰 손해를 볼 수 있다.

이 두 가지 손절매 방식을 알았으므로, 이제 당신은 어느 가격에서 손절매를 할 것인지 정할 수 있어야 한다. 아쉽게도 정확하게 얼만큼의 손해를 보고 손절매를 해야 하는지 명확한 기준은 없다. 몇몇 요인들이 그와 같은 기준의 설정에 영향을 끼친다. 우선 먼저, 그것은 거의 개인적인 결정으로서, 기본적으로 당신의 위험 허용도에 따라 달라진다. 당신은 더 큰 손해를 기꺼이 감수할 수도 있는 반면, 저 밑에 있는 다른 거래인은 더 엄격한 손절매를 선호한다. 어느 경우이건 상관은 없지만, 어떤 선택을 할 것인지 확실히 정해야 한다.

또 하나 알아야 할 점은, 당신이 결정하는 손절매의 크기는 당신이 거래하는 주식의 가격과 변동성에 따라 달라져야 한다. 변동성이 큰 아마존(AMZN) 같은 주식은 몇분만에 쉽게 2~3 포인트가 오르거나 내릴 수 있다. 따라서 1포인트의 손절매는 거의 무의미할 것이다.

그렇지만 당신이 디즈니(Disney) 같은 주식에 1포인트의 손절매를 사용한다면, 그것은 괜찮은 일이다. 왜냐하면 디즈니는 변동성이 훨씬 적은 주식이기 때문이다. 일반적으로 말해서, 변동성이 큰 주식은 손절매의 폭을 넓게 잡아도 무방하다.

손절매의 폭은 주식의 가격에도 관련이 있다. 거래되는 가격이 380달러인 주식은 가격이 20달러인 비슷한 주식보다 오르거나 내리는 폭이 더 크다. 그렇지만 가격이 100달러인 주식의 10포인트 움직임은 가격이 10달러인 주식의 1포인트 움직임과 똑같은 비율임을 명심하라. 따라서 손절매를 할 때는 이 점도 염두에 두어야 한다.

결론적으로 말해서, 특정한 주식의 손절매는 정신적으로 결정하기에 아주 어려운 것이다. 실수를 인정하고 재빨리 다음번의 기회로 나아가는 것이 성공의 열쇠이다. 이보다도 더 중요한 것은 손실에서 무언가를 배우는 것이다. 손해를 보면서 주식을 팔려면 상당한 용기가 필요하다. 하지만 이 간단한 규칙을 따를 때 당신은 장기적으로 돈을 벌고 상심에서 벗어날 수 있다.

마음의 준비를 한 후에 거래하라

많은 경우, 우리는 주식을 거래하면서 컴퓨터 앞에 앉아 물리적으로 거래할 준비를 갖추곤 했다. 하지만 웬일인지 우리는 생각을 정리할 수가 없었다. 우리는 정신이 산만해지곤 했다. 이것은 특히 우리가 생활 속에서 무언가 감정적인 상황을 맞을 때 일어나곤 했다. 이를테면 어떤 중요한 결정을 내려야 하거나, 가족 가운데 누군가와 의견 충돌이 있거나, 혹은 그냥 육체적으로 피곤할 때였다. 이런 일이 일어나면 주식 거래는 하지 않는 것이 좋다. 왜냐하면 정신을 집중하기 어렵기 때문이다. 정신을 집중하지 못하면 당신은 수익을 올리지 못할 수가 있다.

우리는 또 논리적으로 설명하기는 어려워도 어떤 특정한 날에 왠지 거래를 하면 안될 것 같은 기분도 느끼곤 했다. 그럴 때 우리는 거래를 하지 않았다. 기분이 내키지 않을 때 거래를 하면 시간만 낭비한다고 생각했다. 물론 이런 날에 거래를 하면 기회를 잡을 수도 있다. 하지만 이런 날에는 거래를 하지 않는 것이 더 좋다. 돈을 벌지 못하는 것보다 돈을 잃지 않는 것이 더 중요하다. 때로는 시장에 들어가지 않는 것이 가장 좋은 거래일 수 있음을 명심하라. 이유가 무엇이건 마음의 준비가 되어 있지 않으면, 그럴 때는 과감하게 손을 떼는 것이 좋다.

겁을 먹고 거래하지 말라

겁을 먹고 거래한다는 것은 정확하게 무슨 뜻일까? 언젠가 어떤 증권사의 광고에서 어떤 사람이 엄청난 용기를 내어 컴퓨터에서 매수 입력을 하는 장면이 나왔다. 두려움을 나타내는 음악이 배경에 깔렸다. 이 광고는 다소 극단적인 예이기는 하지만, 많은 사람들은 정말로 그 광고에 나오는 사람처럼 행동한다. 겁을 먹고 거래하는 사람들은 생활에 꼭 필요한 돈으로 주식을 사거나 자신감이 부족한 상태에서 거래한다. 마음의 준비가 되어 있지 않으면 성공하기는 어렵다.

어떤 거래인들은 하루 종일 주식을 분석하고, 멋진 주식에 대해 얘기하고, 그러다가 자신감이나 용기가 부족해 직접 거래를 하지 못한다. 아쉽게도 이런 사람들은 수익을 올리는 데 필요한 지식과 능력을 갖추고 있다. 다만 이들에게는 계획을 실행에 옮기는 확신이 부족할 뿐이다. 이것은 주식을 거래하는 올바른 방법이 아니다. 자신의 능력을 의심하거나 겁에 질려 움직이지 못하는 사람은 돈을 벌 수 없다.

사람들로 하여금 거래하는 데 겁을 먹게 하는 몇몇 요인들이 있다. 가장 중요한 요인은 잃어서는 안 되는 돈으로 거래하는 것이다. 이를테면 평생의 저축, 은퇴에 대비한 노후자금, 친구나 친척에게서 빌린 돈, 혹은 매달 생활비로 써야 할 돈 같은 것이다. 만일 당신이 지금 이와 같은 돈으로 주식을 거래한다면, 당장 그만두라! 이럴 때는 절대로 편안하게 거래를 할 수 없으며, 그래서 당신의 거래 실적은 엉망이 된다.

성공적인 거래를 하려면 맑은 정신이 필요한데, 잃어서는 안 되는 돈으로 거래할 때는 머리가 맑을 수 없다. 만일 당신이 이런 돈으로만 거래를 해야 한다면, 당신은 아예 '롱텀 데이트레이딩(장기적인 단타 매매)'을 하지 말아야 할 것이다.

단타 매매의 기법을 안다고 해서 반드시 거래할 수 있는 것이 아님을 명심하라. 연습으로 하는 거래에서도 당신이 자신감을 얻지 못하고 여전히 두려움 속에서 거래를 한다면, 그때는 주식을 사서 보유하는 장기적인 투자 전략을 고수해야 할 것이다.

끈기를 가져라

앞에서 우리는 공매도를 할 때 끈기를 갖는 것이 얼마나 중요한지 설명했다. 끈기를 갖는 것은 단타 매매에서도 아주 중요한 것이기 때문에, 여기서 다시 한번 강조한다.

단타 매매자가 끈기를 갖는다는 것은 언뜻 보면 모순되는 일인 것도 같다. 때로는 며칠만에 계속해서 주식을 사고 팔아야 하는 사람이 어떻게 끈기를 가질 수 있단 말인가? 그래서 이런 개념은 다소 모순되게 보일 수도 있다. 하지만 끈기는 단타 매매자에게 정말로 중요한 요소이다.

주식 거래에서 끈기는 두 가지 주요 상황에 적용된다. 첫번째 상황은 적절한 시간 동안 끈기를 갖고 주식을 보유해야만 수익을 올릴 수 있다는 것이다. 두번째 상황은 자신이 분석한 지표들이 좋은 결과를 낼 때까지 끈기를 갖고 기다리는 것이다.

우선 먼저, 끈기는 새로운 포지션을 선택할 때 아주 중요한 요소이다. 이 책에서 당신이 배우는 기술적 분석 전술들은 짧은 시간에 수익을 올리는 것과 관련해 (통계적인 관점에서) 아주 정확한 결과를 약속한다. 그렇지만 아무리 많은 기술적 분석도 특정한 주식의 특정한 움직임이 언제 일어날지 정확하게 알려주지는 못한다. 우리는 그것을 추측할 수는 있지만 정확하게 알 수는 없다. 따라서 당신은 끈기를 갖고 그런 방법이 통하게 해야 한다.

그동안 우리는 몇 시간만 더 기다렸다면 멋진 수익을 올렸을 수도 있는 거래를 끈기 부족으로 놓친 경험을 많이 가지고 있다. 우리는 더 이상 참지 못하고 손익분기점에서 주식을 팔았다. 어쩌면 우리는 기술적 지표들에 대한 믿음을 잃었거나 스스로 확신을 갖지 못했을 것이다. 그 이유가 무엇이었건, 끈기를 갖고 조금만 더 기다렸다면 우리는 좋은 결과를 보았을 것이다.

당신은 또 연습하는 과정에서도 끈기를 가져야만 한다. 어떤 사람들은 쉽게 기술적인 분석을 하고 필요한 것들을 외울 수 있다. 하지만 진짜 시장에서 진짜 돈으로 거래하는 것은 감정 때문에 훨씬 더 어려울 수 있다. 당신이 마침내 거래에 필요한 규칙들을 모두 배운다 해도, 시장의 변화와 당신이 맞게 될 다양한 상황은 종종 당신에게 힘든 상황이 될 수도 있다. 따라서 끈기를 갖고 임해야 한다. 대부분의 프로 거래인들은 적어도 6개월에서 1년은 기다려야만 멋진 거래인이 될 수 있다는 데 동의한다.

감정 없이 로봇처럼 거래하라

가령 당신이 월마트(Wal-Mart)의 주식을 거래했는데, 아쉽게도 그 거래에서 손해를 보았다고 가정해 보자. 당신은 거래를 하면서 모든 것을 제대로 했지만, 그럼에도 할수없이 손절매를 해야만 했다. 그래서 당신은 1000주의 주식에서 1포인트를 잃었고 이 주식에 무척 화가 나 있다. "반드시 본때를 보여주겠다"고 당신은 다짐한다.

그래서 당신은 다시 월마트의 주식을 거래하지만, 이번에는 분석 같은 것도 하지 않는다. 당신은 그냥 손해를 본 것에 화가 나서 그 주식을 살 뿐이다. 그러나 당신은 다시 이번 거래에서도 손절매를 할 수밖에 없다. 당신은 점점 더 화가 나며 미친 사람처럼 다시 또 이 주식을 거래하고, 완전히 이성을 잃은 채 순전히 감정만으로 거래를 계속하다가 점점 더 많은 돈을 잃는다.

당신이 상당히 오랫동안 주식을 거래했다면 이런 경험을 했을 가능성이 높다. 방금 소개한 시나리오는 흔히 '복수 거래'라고 얘기하는 것이다. 당신도 짐작하겠지만, 이것은 아주 좋지 않은 거래 방식이며, 사실은 큰 손실로 이어질 수 있는 방식이다. 어떤 주식이 원하는 대로 되지 않고 손실만 발생시키면 화가 나는 것은 당연하다. 하지만 감정적으로 본전을 찾으려는 것은 가장 나쁜 태도이다. 한 가지 아주 중요한 것을 명심하라. 주식은 아무 감정도 없는 무생물일 뿐이다. 주식은 단순히 대중의 '사자' 및 '팔자' 주문에 반응할 뿐이다. 따라서 주식에 감정적으로 분풀이를 하는 것은 너무나도 어리석은 일이다.

우리가 아는 가장 성공적인 거래인들은 로봇처럼 거래하는 사람들이다. 이들은 감정에 휩쓸리지 않고 기술적인 분석이 가리키는 대로만 거래한다. 기술적인 분석이 사라고 얘기하면 사고, 팔라고 얘기하면 판다. 이들은 시장에 맞서려 하지 않으며, 단순하게 시장에 반응할 뿐이다. 당신이 아무리 감정을 앞세워도 시장의 결과는 달라지지 않음을 명심하라. 따라서 중요한 것은 순전히 이성에 따라 주식을 거래하는 것이다. 그리고 자신을 의심하지 않는 것이다.

기술적인 분석이 가리키는 대로 하고 감정을 배제하라.

항상 수익 목표를 세워라

우리는 본격적으로 주식을 거래하기 시작했을 때 일간, 주간 단위로 얼마나 많은 수익을 올리려 하는지 분명한 방향이나 목표를 세우지 않았다. 그냥 거래를 하면서 가능한 한 많은 돈을 벌려고만 했다. 아쉽게도 이것은 아주 생산적인 거래 방식이 아니다. 이와 같은 방식에는 목표가 없기 때문이다.

당신이 어떤 목표를 세우건, 혹은 그것이 일간, 주간, 월간 목표이건 중요하지 않다. 중요한 것은 목표를 세우는 것이다. 어떤 사람들은 금전적인 목표를 세우고, 어떤 사람들은 특정한 수익 포인트를 목표로 삼는다.

개인적으로 우리는 주간 단위로 매주 특정한 포인트 수를 목표로 삼으려 한다. 예를 들어 우리가 어떤 주식을 50에 사서 52에 판다면, 우리는 2포인트의 수익을 목표로 삼는 것이다. 하지만 우리가 그것을 일주일 동안 네 가지 주식에서 적용한다면, 우리는 모두 8포인트의 수익을 올리게 된다.

우리의 개인적인 목표는 꾸준하게 매주 8포인트 가량의 수익을 올리는 것이다. 당신의 금전적인 수익을 계산하려면, 당신이 매번 거래하는 주식의 수에 수익 포인트의 수를 곱하기만 하면 된다. 당신이 한번에 1000주의 주식을 거래한다면, 당신은 매주 8천 달러 가량의 수익을 올리게 된다. 당신이 한번에 300주밖에 거래하지 않는다면, 당신이 올리는 수익은 주당 2400달러쯤 될 것이다.

주식 거래의 금전적인 목표를 세울 때는 당신을 자극하는 목표, 하지만 동시에 충분히 현실성이 있는 목표를 세워야 한다. 단기 거래인으로서 우리는 일간 단위로 목표를 세우지만, 주간 단위의 목표는 당신이 거래하는 기간에 따라 더 효과적일 수도 있다. 현실적인 수익 목표는 무엇인가? 주간 단위로 평균 5포인트의 수익은 현실적이면서 달성가능한 것이지만, 평균 20포인트의 주간 단위 수익은 현실성이 떨어진다. 물론 가끔은 그렇게 될 수도 있지만, 꾸준하게 그런 수익을 올리기는 아주 어렵다.

우리는 단기적인 거래를 통해 연간 200~300%의 평균 수익이 가능함을 알게 되었다. 우리에게는 연간 1000%의 수익이 현실적이지 못하다. 가령 당신이 2만 달러의 계좌 자본금으로 거래를 시작한다면, 일일 평균 1000달러의 수익을 목표로 삼는 것은 현실성이 별로 없다. 물론 때로는 하루에 1000달러의 수익을 올릴 수도 있을 것이다.

하지만 2만 달러의 자본금으로 거래를 할 때 일일 평균 1000달러의 수익을 꾸준히 올리기는 어렵다. 그것은 연간으로 따질 때 26만 4천 달러의 수익이 되는데, 이것은 대략 1300%의 수익에 해당한다. 당신이 그렇게 할 수 있다면 우리는 감동받지 않을 수가 없을 것이다. 그보다 더 현실적인 목표는 연간 100~300%의 수익이고, 이것은 당신이 능숙한 거래인이 된 후에 가능한 것이다.

주간 단위의 목표를 이해하도록 돕기 위해, 가령 당신이 5만 달러의 초기 자본금으로 연간 100%의 수익을 목표로 시작한다고 가정하자. 이럴 경우에 당신은 5만 달러를 연간 52주로 나누고, 이것은 대략 주간 961달러의 수익에 해당한다. 따라서 당신은 961달러의 주간 수익 목표를 갖게 된다.

한 가지 유념할 사항은 목표가 얼마이건 중요하지 않다는 점이다. 그것이 연간 100%, 200%, 혹은 300%이건 목표만 있으면 된다. 현실적인 금전적 목표를 세우면 세 가지 유리한 점이 있다. 첫째, 그러면 당신은 지속적으로 목표를 달성할 때 큰 만족감을 느낄 수 있다. 둘째, 그러면 당신은 일단 주간 목표를 달성했을 때 더 많은 수익에 대해 걱정하지 않기 때문에 욕심으로 계획을 망치지 않을 수 있다. 실제로 우리는 대개 일단 일간 수익 목표를 달성하면 거래를 중단한다. 셋째, 그러면 당신은 거래 결과에 대해 나름의 피드백을 얻게 된다. 목표가 없으면 성공을 측정할 수 있는 현실적인 방법이 없고, 더 중요한 것은 당신의 개인적인 성공을 측정할 방법이 없다.

늘 개인적인 거래 일지를 기록하라

우리는 이 일을 하면 할수록 거래 일지를 기록하지 않는 사람들을 볼 때 점점 더 놀란다. 그렇다고 우리가 그들을 비난할 수는 없다.

왜냐하면 우리도 처음에는 일지를 기록하지 않았기 때문이다. 그렇지만 우리가 당신에게 얘기할 수 있는 한 가지 분명한 사실이 있다. 즉, 우리는 거래 일지를 기록한 후부터 극적인 실적 향상을 보게 되었다.

거래 일지는 왜 중요한가? 어쨌거나 당신은 하루의 거래가 끝나면 상황이 어떻게 되었는지 알 수 있지 않은가? 그런데 왜 굳이 기록을 하는 수고를 해야만 하는가? 우선 먼저, 그것은 당신이 계속해서 발전하고 거래인으로서 성장하는 데 필요한 자기 분석의 기회를 제공한다.

당신은 단기 거래를 시작할 때 많은 실수를 하게 된다. 이것은 피할 수 없는 현실이다. 어떤 사람도 실수를 하지 않고 수익을 올릴 수는 없다. 그렇지만 기록하지 않을 때 당신은 그렇게 저지르는 똑같은 실수를 자꾸만 반복하게 된다.

우리가 거래 일지를 기록하기 전에는 적어도 매주 한번은 실수가 반복되는 것만 같았다. 하지만 일단 거래 일지를 기록하고 그것을 검토한 후에 우리의 실수는 줄어들기 시작했다. 우리는 거래 일지를 기록하고 검토하면서 우리가 저지르는 실수를 반성했다.

거래 일지는 또 어떤 상황에서 당신이 제대로 했는지 알려주는 데도 중요한 역할을 수행한다. 당신은 제대로 한 것을 나중에 확인할 때 점점 더 나아질 수 있다.

이와 같이 거래 일지의 기록에는 많은 이점이 있다. 하지만 거래 일지에는 정확하게 무엇을 적어야 하는가? 우리는 다음과 같은 것을 적는다.

개별 주식의 행태와 움직임

앞에서도 얘기했듯이, 당신의 관찰을 기록하는 것은 아주 중요하다. 각각의 주식에 대해 당신이 관찰한 것을 기록하면, 다음번에 그 주식을 거래할 때는 훨씬 더 효과적이고 수익적일 수 있다. 예를 들어 우리는 어떤 주식이 늘 가격이 급등하기 전에 요동치는지 거래 일지에 적는다. 만일 이것을 적어놓지 않는다면, 우리는 어떤 주식이 그렇게 하는 경향이 있는지 기억하기 어렵다. 우리는 또 주식들이 어느 방향이건 크게 움직일 때 먼저 어떤 특성을 보이는지도 기록한다. 이것을 기록함으로써 우리는 다음번에 그 주식을 거래할 때 어떤 징후를 보아야 하는지를 알 수 있다. 각각의 주식에 대해 정확하게 어떤 사항들을 기록해야 하는지는 별로 중요하지 않다. 중요한 것은 무엇이건 특별한 징후들을 관찰해서 적는 것이다. 그렇게 하면 다음번 거래에서 큰 도움을 얻을 수 있다.

자신의 개인적인 약점

이것은 당신이 종종 저지르는 실수를 기록하는 것과 비슷하다. 거래 일지의 이 부분에서 우리는 수익을 올릴 수도 있었던 거래를 망치고 말았던 그 모든 멍청한 짓들을 기록한다. 당연히 이 부분은 각자에 따라 내용이 다를 것이다. 하지만 중요한 것은 아주 솔직하게 이 부분의 내용을 기록하는 것이다. 거래 일지의 이 부분은 오로지 당신을 위해 적는 것이므로, 솔직하지 못하면 아무 도움도 되지 못한다. 당신은 거래인으로서 자신의 약점을 인식하고 인정해야만 더 나은 거래인이 될 수 있다. 자신의 실수를 인정하고 (더 중요하게) 그것을 기록해 비슷한 실수가 또다시 발생하지 않도록 막는 것은 거래인으로서 당신이 장기적으로 성공하는 데 아주 중요하다.

당신이 잘하는 것

당신은 어떤 방식으로 투자할 때 수익적인 거래를 하게 되는지 발견하게 된다. 이것들은 당신이 잘하는 것들이고 당신이 계속해서 사용하기를 원하는 좋은 습관들이다. 이 부분 역시 그 내용은 개인에 따라 크게 다르지만, 중요한 것은 역시 기록하는 것이다.

가장 중요한 10가지 개인적 거래 규칙

이 부분에서 당신은 이 책에서 배웠건 다른 곳에서 배웠건, 혹은 당신의 개인적인 거래 경험에서 배웠건, 가장 중요한 10가지 거래 규칙을 적는다. 일단 개인적인 규칙들을 적은 후에는 그것을 출력해 모니터 위에 붙여 놓아라. 그러면 당신의 거래 실력을 점점 더 늘 것이다.

이렇게 해서 자기 분석을 위한 많은 기록을 모으게 되면, 다음에는 가장 중요한 단계로 나아가야 한다. 즉, 매일같이 거래 일지를 검토해야 한다. 적기만 하고 보지 않는다면 무슨 소용이 있겠는가? 매일같이 장이 열리기 전에 한 10분 정도 거래 일지를 검토하라. 착실하게 이런 일을 계속하면 당신의 거래 실력이 놀라울 정도로 발전하게 된다.

불가피한 손실을 이해하고 받아들여라

현실을 직시하라. 주식 거래는 아주 당혹스럽고 감정적인 것일 수 있다. 어떤 주에는 상당한 돈을 벌고, 높은 수익을 올리고, 마치 떼돈을 벌 것 같은 착각에 빠지기도 한다. 그리고 어떤 때는 도대체 왜 주식 거래를 시작했는지 후회를 한다. 우리는 어느 때이건 주식 거래를 그만두고 싶어하지 않은 거래인을 만난 적이 없다. 그렇지 않다고 말하는 사람이 있다면, 그 사람은 거짓말을 하는 것이다. 프로 거래인들도 때로는 후회를 하고 손해를 본다. 차이가 있다면 손실에 반응하는 자세이다.

누군가 프로 거래인에게 오늘 하루는 어땠느냐고 물을 때, 그 사람은 실제적인 결과가 어떠했건 "아주 좋았다"고 대답한다. 설사 손해를 본 날이었어도 진짜 프로는 여전히 많은 것을 배웠으며, 그래서 오늘은 좋은 날이라고 생각하는 것이다. 사람들은 전문 거래인이 그날 수익을 올렸는지 손해를 보았는지 전혀 알지 못한다. 어찌했든 그 사람의 대답은 같을 것이기 때문이다.

전문적인 프로들처럼, 성공적인 단기 거래인은 어느 주에 손해를 보았을 때 그것을 반성과 향상의 기회로 삼아야 한다. 당신은 각각의 거래를 분석하고 무엇을 다르게 할 수 있었는지 검토해야 한다. 전문적인 프로들은 종종 실수에서 가장 소중한 배움을 얻을 수 있다고 생각한다.

반면에 성공하지 못하는 단기 거래인은 어느 주에 손해를 보면 아주 낙심한다. 그 결과 이 사람은 부정적인 자세를 갖게 되고, 그러면 일종의 악순환이 시작된다. 이 사람은 부정적인 생각 때문에 판단이 흐려지고, 다음번 거래를 제대로 준비하지 못하고, 특히 무엇보다 희망을 잃게 된다. 이 사람은 더 이상 규칙을 따르지 않고, 손절매를 하지 않고, 손해를 본 주식에 대해 불평을 한다. 이 사람은 거래를 분석하고 실수에서 배우는 것이 아니라, 잘못한 거래에 변명을 하면서 다른 사람이나 상황을 비난한다. 이런 사람은 여전히 같은 실수를 계속해서 반복한다. 성공하지 못하는 거래인은 "오늘 하루가 어땠느냐"는 누군가의 질문에 짜증을 낸다.

손실은 게임에서 불가피한 것이다. 그것을 일종의 사업처럼 생각하라. 사업을 하다 보면 수익을 낼 때도 있고 손해를 볼 때도 있다. 어떤 사업도 전혀 손해를 보지 않는 때는 없다. 성공적인 사업가는 손해를 보는 때보다 수익을 내는 때가 더 많게 하는 것이 성공의 열쇠임을 잘 안다. 주식 거래에도 똑같은 원칙이 적용된다. 반드시 손해를 보는 때가 있음을 받아들여라. 손해를 보는 때보다 수익을 내는 때가 더 많기만 하면, 결과는 어떻게 되겠는가? 당연히 수익이 된다. 전에는 수익을 내었는데 갑자기 손해를 보기 시작한다면, 당신에게는 성공적인 거래인의 능력이 있음을 기억하라. 당신은 일시적으로만 슬럼프에 빠졌을 뿐이다. 따라서 다시 돌아가 당신의 개인적인 거래 일지를 검토하라. 수익을 내었을 때 무엇을 제대로 했는지 분석하고, 아직도 그렇게 하고 있는지 알아보라. 대개의 경우 당신은 자세만 바꾸면 상황이 달라지게 됨을 알게 된다.

마지막으로, 주식을 거래할 때는 절대로 '희망사항'이란 단어를 사용하지 말라. 당신은 주식을 거래하면서 이렇게 말해서는 안 된다. "이 주식의 가격이 다시 올랐으면 좋겠다."

주식을 거래할 때는 시장에 대한 분석이 토대가 된다. 당신이 아직도 희망사항에 근거해 주식을 거래한다면, 그것은 당신이 옳지 않음을 아직도 인정하지 않는다는 뜻이다. 세상의 그 모든 희망도 특정한 주식의 추세를 바꿀 수는 없다. 따라서 희망에 집착하는 실수를 하지 말라. 당신이 무언가를 잘못했다면, 그것을 인정하고 가능한 빨리 깨끗하게 손절매를 하라. 주식을 거래할 때 희망사항을 배제하면 당신은 더 좋은 거래를 할 수 있다.

손실을 다루는 전략을 세워라

당신은 이제 높은 수익 목표를 세웠고 때로는 손해를 볼 수도 있다는 사실을 기꺼이 받아들이려 한다. 하지만 실제로 손해가 발생하면 어떻게 할 것인가? 패배자는 손실에 대해서 불평만 하지만, 프로 거래인은 손실을 다루는 전략을 세운다.

사람들이 손실을 경험할 때 흔히 저지르는 가장 큰 실수 하나는 보유 주식의 수를 늘려 "손실을 만회하려" 애쓰는 것이다. 사람들은 손해를 보고 나서 속이 상할 때 감정적이 되어 '복수 거래'를 시작하는 경향이 있다. 하지만 현실적으로는 그 정반대의 자세가 적절한 것이다. 보유 주식의 수를 늘리는 것이 아니라 줄이는 것이다. 이렇게 하면 하락 추세가 계속될 때 필요한 자본을 마련할 수 있다. 그러다가 다시 추세가 반전되면 점점 더 보유 주식을 늘리는 것이다.

정신적으로 우리가 손실의 상처에서 벗어나는 가장 좋은 방법은 아무리 수익이 적더라도 이기는 거래를 해보는 것이다. 다시 말해 우리는 전혀 손해가 나지 않는 이기는 거래를 가능한 많이 하려고 애를 쓴다. 이렇게 할 때 얼마나 많은 수익을 올리는지 상관하지 않는다. 대신에 수익이 얼마이건 가능한 많이 이기는 거래를 하려 애를 쓴다. 이렇게 함으로써 우리는 거래 능력에 대한 자신감을 빠르게 회복한다. 우리가 하루에 50달러의 수익밖에 올리지 못하더라도 손해를 보고 집에 가는 것보다는 훨씬 더 낫다. 이렇게 계속해서 수익을 내는 거래를 하면 수익이 아무리 낮아도 심리적인 치료에 큰 도움이 된다.

체리 고르기를 하라

초창기에 우리는 거래 자본이 충분치 않았을 때 가장 작은 손실조차도 피하기 위해 무척 애를 썼다. 우리는 손해를 볼 여유가 없었다. 우리의 계좌는 너무 작아서 손해를 감당하기가 버거웠다. 이와 같은 방식에서 문제는, 우리가 반복해서 얘기하듯이, 손실은 불가피하다는 점이다.

당신의 계좌가 작은 손실조차도 감당할 수 없을 만큼 작다면, 혹은 당신에게 손실을 다루는 전략이 없다면, 그때는 구매력이 충분치 않아서 더 이상의 수익적인 거래를 할 수가 없다. 당신의 거래 계좌가 아주 작거나 당신이 힘든 손실의 경험을 하고 있다면, 또 하나의 전략은 가장 좋은 주식을 고르는 데만 정신을 집중하는 것이다. 우리는 이것을 '체리 고르기(cherry picking)'라고 부른다.

가령 당신에게는 일반적으로 주식을 고르는 다섯 가지 기준이 있다고 하자. 체리 고르기를 한다면 당신은 다섯 가지 기준 모두를 충족시키는 주식들만 거래하게 된다. 다섯 가지 기준 모두를 충족시키는 주식들을 찾아내지 못할 때, 당신은 한동안 지켜보기만 하거나 다섯 가지 기준 모두에 가장 근접하는 한두 개의 주식만을 거래할 것이다. 우리는 체리 고르기를 할 때 대개 우리가 찾을 수 있는 2~3개의 가장 좋아 보이는 주식만을 거래한다.

이런 전략을 사용하려면 당신에게 좋아 보이는 모든 주식을 거래해서는 안 된다. 당신은 그 모든 기술적 자료를 분석하고 수익의 가능성이 가장 높은 주식만으로 선정해서 거래해야 한다. 이렇게 하려면 약간 더 많은 노력과 절제심이 필요하지만, 이것은 장기적인 관점에서 충분히 해볼 가치가 있다. 당신이 작은 거래 계좌로 시작하건 한동안 손실로 고생을 하건, 체리 고르기 전략은 당신의 자본을 가장 효과적으로 사용하는 데 도움이 될 수 있다. 당신이 어쩔 수 없이 가장 수익을 낼 가능성이 높은 주식만을 거래해야 한다면, 수익의 기회는 높아지고 손실의 가능성은 낮아질 수 있다.

거래 주식의 개별적인 특성을 파악하라

우리는 처음에 거래를 시작할 때 모든 주식들은 기본적으로 같은 방식으로 움직인다고 생각했다. 하지만 많은 시간이 지나고 많은 거래를 한 후에 우리는 모든 주식들은 저마다 다른 방식으로 움직인다는 것을 알게 되었다. 특정한 주식의 개별적인 특성이나 거래 패턴을 알면 그 주식의 단기적인 가격 변동을 이해하고 예측하는 데 큰 도움이 된다.

당신은 다음과 같은 것들을 보고 분석할 필요가 있다.

▶ **전형적인 퍼짐, 즉 스프레드**(사자 주문과 팔자 주문의 차액)

▶ **평균적인 거래의 폭**(하루 동안의 고가와 저가의 폭)

▶ **해당 주식이 전형적으로 보여주는 하락세와 상승세의 유형**

전형적인 퍼짐

퍼짐(spread)이란 간단히 말해서 가장 높은 '사자' 주문과 가장 낮은 '팔자' 주문의 가격 차액을 뜻한다. 예를 들어 어떤 주식의 가장 높은 사자 주문이 50달러 3/8이고 가장 낮은 팔자 주문이 50달러 5/8이라면, 이 주식은 1/4 포인트의 퍼짐으로 거래되는 것이다.

어떤 주식이 거래되는 전형적인 퍼짐을 알아내는 법을 배운다면, 당신은 이 주식이 정상적으로 움직이는가 아니면 가격 조작이 있는지 알 수 있을 것이다. 그것을 배우면 당신은 또 사자 추세나 팔자 추세도 더 정확하게 알 수 있다.

예를 들어 어떤 주식이 일반적인 거래일에 통상적으로 1/8의 퍼짐으로 거래되었는데, 이 주식의 퍼짐이 갑자기 3/8 포인트로 높아질 때 당신은 무언가 이상하다고 생각할 것이다. 이것은 팔자는 사람이 평소보다 적거나 (그래서 팔자는 가격이 점점 더 높아지거나) 사자는 사람이 평소보다 적다는 (그래서 사자는 가격이 점점 더 낮아진다는) 뜻이다. 이와 같은 단서는 그 주식이 단기적으로 어떤 방향으로 움직일 것인지 보여줄 수 있다.

반면에 그 주식이 하루 종일 평소와 같은 1/8 포인트의 퍼짐으로 거래된다면, 우리는 그것이 여느 때와 같은 식으로 거래될 것이라고 짐작할 수 있다.

평균적인 거래의 폭

평균적인 거래의 폭은 하루 중에 거래되는 최고가와 최저가의 평균적인 폭이라고 얘기할 수 있다. 예를 들어 어떤 주식의 하루 중 최저가가 78달러이고 하루 중 최고가는 83달러라면, 이 주식은 그 특정한 날에 5포인트의 거래 폭을 보이는 것이다. 장이 끝날 때 이 주식의 종가가 얼마인지는 문제가 되지 않는다. 간단히 말해서, 거래의 폭은 그날 하루의 최고가와 최저가의 차이인 것이다.

당신이 거래하는 주식의 평균적인 거래의 폭을 알아야 하는 이유는 그것을 알 때 변동성의 변화를 짐작할 수 있기 때문이다. 어떤 주식의 하루 중 거래 폭이 증가하는 것 같으면, 이 주식의 변동성은 점점 더 높아지는 것이다. 반면에 그것이 감소하고 있다면, 이 주식의 변동성은 점점 더 낮아지는 것이다. 이와 같은 변화는 나중에 당신이 적절한 입장 및 퇴장 포인트를 정할 때 중요한 역할을 하게 된다. 우리의 경우에는 어떤 주식의 변동성이 높을수록 거래하기에는 더 좋다.

평균적인 거래의 폭을 정하는 가장 쉬운 방법은 소위 말하는 양초(candlestick) 차트를 보는 것이다. 인터넷에 들어가면 주식의 양초 차트를 볼 수 있는 많은 사이트가 있다. 그리고 양초 차트에 관한 책들도 많이 있는데, 이런 것들을 참조하면 보다 깊이 있는 분석 기법을 배울 수 있다.

전형적인 하락세와 상승세

우리가 알아야 할 가장 중요한 요인의 하나는 특정한 주식의 전형적인 하락세와 상승세 양상이다. 어떤 주식도 같은 방식으로 움직이지는 않는다. 어떤 것들은 평균 1/4 포인트의 추세로 하락하는 반면, 어떤 것들은 같은 날에 평균 몇 포인트의 추세로 하락한다. 마찬가지로, 어떤 주식은 겨우 1/2 포인트만 오른 후에 주춤하지만, 어떤 주식은 단숨에 몇 포인트나 상승한다.

아쉽게도 개별 주식들의 하락세와 상승세를 알 수 있는 쉬운 방법은 없다. 기껏해야 하루 중에 주식이 거래되는 모습을 지켜보거나, 장이 끝난 후에 하루 중의 차트를 살펴볼 수 있을 뿐이다. 개별 주식들의 하락세와 상승세를 단어들로 설명하기는 무척 어려우며, 그것은 당신이 각각의 주식을 세심히 관찰해서 알아낼 수 있을 뿐이다.

추세와 친구가 되라

어떤 주식을 거래하건 제일 먼저 해야 하는 일은 전반적인 시장의 단기적인 현재 추세를 알아보는 것이다. 시장의 추세를 보여주는 지표에는 몇 가지가 있지만, 가장 흔히 사용하는 지표가 다우존스 산업평균(DJIA)일 것이다. 물론 나스닥 주식을 거래하고 싶을 때는 나스닥 지수를 살펴봐야 할 것이다. 이런 지수들을 살펴보는 이유는 시장이 지난 몇주 동안 어떤 식으로 움직였는지 알아보기 위해서이다. 시장이 나타내는 추세는 기본적으로 세 가지가 있다. 상승장, 하락장, 그리고 횡보장이다.

상승장

상승장은 지난 며칠이나 몇주 동안 꾸준하게 오른 시장을 말한다. 그렇다고 상승장에 하락일이 없다는 말은 아니다. 단지 그것은 전반적인 추세가 상승세를 보인다는 뜻일 뿐이다. 상승장인지를 알아보는 한 가지 열쇠는 주가 지수에서 더 높은 고점과 더 높은 저점을 보는 것이다. 다시 말해, 상승장에서는 매번의 고점이 지난번의 고점보다 더 높게 나타난다. 마찬가지로, 새로 형성되는 저점은 먼저번의 저점보다 더 높게 나타난다. 이런 일이 일어난다면, 우리는 그것을 상승장이라고 얘기할 수 있다.

일반적으로 말해서, 상승장에서는 상대적인 힘이 가장 큰 주식을 정상적으로 거래하는 것이 좋다. 상승장에서 공매도를 한다면, 그

때는 엄격한 손절매를 적용해 수익을 보호하고 평소보다 더 빨리 수익을 챙겨야 한다. 아울러 공매도를 하는 주식은 시장에 대한 상대적 힘이 약한 것이 좋다. 그러나 일반적으로 말해서, 상승장에서는 공매도를 피해야 한다.

하락장

하락장은 지난 며칠이나 몇주 동안 꾸준하게 내린 시장을 말한다. 그렇다고 하락장에 상승일이 없다는 말은 아니다. 단지 그것은 전반적인 추세가 하락세를 보인다는 뜻일 뿐이다. 하락장인지 알아보는 한 가지 열쇠는 주가 지수에서 더 낮은 고점과 더 낮은 저점을 보는 것이다. 다시 말해, 하락장에서는 매번의 고점이 지난번의 고점보다 더 낮게 나타난다. 마찬가지로, 새로 형성되는 저점도 먼저번의 저점보다 더 낮게 나타난다. 이런 일이 일어난다면, 우리는 그것을 하락장이라고 얘기할 수 있다.

하락장에서는 상대적인 힘이 가장 약한 주식을 공매도하는 것이 좋다. 시장의 전반적인 추세와 함께 가면 위험은 줄고 수익은 극대화된다. 그러나 하락장에서 정상적인 거래를 할 생각이라면, 그때는 엄격한 손절매를 적용하고 공매도를 할 때보다 더 빨리 수익을 챙겨야 한다. 그래야만 추세에 반하는 거래의 위험을 줄일 수 있다.

횡보장

횡보장은 좀처럼 오르거나 내리지 않는 시장을 말한다. 횡보장에서는 새로운 고점이나 더 낮은 저점이 좀처럼 나타나지 않는다. 다시 말해, 시장은 이전의 저항선에 도달하면 다시 물러서고 지지선에 다다르면 다시 올라간다.

횡보장에서 가장 좋은 거래 방법은 일부 주식은 정상적인 거래를 하고 일부 주식은 공매도를 함으로써 위험을 분산시키는 것이다. 이렇게 하면 시장이 어느 방향으로 움직이건 위험을 줄일 수 있다. 상대적인 힘이 가장 강한 주식은 정상적인 거래를 하고, 상대적인 힘이 가장 약한 주식은 공매도를 한다.

또 하나 중요한 것은 빨리 수익을 챙기고 욕심을 부리지 않는 것이다. 횡보장은 언제라도 상승장이나 하락장으로 바뀔 수 있고, 그 때가 언제인지는 누구도 알 수 없다. 따라서 당신의 수익을 보호하라!

시장의 추세를 아는 것이 중요한 이유는 그럴 때 손실은 줄이고 수익은 높일 수 있기 때문이다. 물론 추세에 거스르면서도 돈을 벌 수는 있지만, 시장의 추세와 함께 가면 수익은 높아지고 위험은 낮아진다.

당신은 또 정상적인 거래와 공매도를 함께 하면 상승장과 하락장 모두에서 돈을 벌 수 있다. 따라서 시장이 하락해도 거래를 멈추지 말라. 대신에 공매도를 하라. 그런 후에 시장이 올라가면 정상적인 거래를 하라. 그렇게 하면 양쪽 모두에서 돈을 벌 수 있다.

우리를 비롯한 많은 거래인들이 따르기에 힘든 규칙 하나는 시장의 전반적인 흐름에 동참하는 것이다. 많은 경우에 우리는 상대적인 힘과 거래량에 근거해 처음에 좋다고 느꼈던 거래를 했다가 갑자기 그것이 나쁜 거래임을 알게 되곤 했다. 왜 그런 일이 일어났을까? 우리는 모든 것을 제대로 했고 우리가 하는 거래에서 필요한 모든 규칙들을 따랐는데도 말이다. 도대체 무엇이 잘못 되었을까? 우리는 시장의 전반적인 추세와 싸우려고 했다.

추세에 반하는 거래를 하면서 돈을 버는 것은 가능할까? 물론이다! 상대적인 힘에 근거해 거래를 한다는 것은 시장에 비해 상대적으로 힘이 있는 주식을 거래한다는 뜻이다. 그러나 시장에 거슬러 거래를 하면 위험 수준은 아주 높아진다. 시장이 떨어지는데도 꾸준하게 가격을 유지하는 주식을 정상적으로 거래하면, 그것은 좋은 일이다. 하지만 결국에는 그런 주식도 가격이 떨어지거나 보합세에 머물 수 있다. 반면에, 시장이 떨어질 때 공매도를 하면, 당신은 돈을 벌 가능성이 높아진다.

일일 차트에서 추세 반전을 찾아보라

앞에서도 얘기했듯이, 주식은 늘 세 가지 추세 가운데 하나에 속하게 된다. 그것은 상승세, 하락세, 혹은 횡보세 가운데 하나를 나타낸다. 이와 같은 추세를 알아내는 것은 추세에 근거한 거래를 할 때 아주 중요한 요소이다. 물론 어떤 주식도 완전히 직선적인 방향으로 오르거나 내리지는 않는다. 주식의 추세가 어느 것이건, 늘 일시적인 하락이나 상승은 있게 마련이다. 이것은 특정한 주식의 일일 차트를 보면 쉽게 알 수 있다. 다시 말해, 특정한 주식의 일일 차트를 분석하면 그 주식의 현재 추세를 비교적 정확하게 알아낼 수 있다.

예를 들어 다음의 차트 1을 보면, 현재 상승세를 보이는 주식을 볼 수 있다. 더 높은 고점과 더 높은 저점을 확인하라. 그와 같은 추세를 보여주기 위해 우리가 그린 직선을 확인하라. 상승세에 있는 주식에서 우리가 자주 보는 또 하나의 속성은 일일 평균 거래량의 증가이다. 이 주식의 가격이 높아질 때마다 거래량이 늘고 있음을 주목하라. 이것은 그 주식이 시간이 갈수록 점점 더 많은 관심의 대상이 되고 있음을 보여준다.

그 다음의 차트 2를 보면, 하락세에 있는 주식을 볼 수 있다. 더 낮은 고점과 더 낮은 저점을 확인하라. 이 주식은 잠시 반등해서 가격이 올라갔지만, 반등 시점의 가격 상승은 이전의 고점을 넘지 못했다. 그리고 이 주식은 매도 물량이 늘어나면서 가격이 하락하고 있다. 이번에도 주가가 떨어질 때 거래량이 늘고 있음을 볼 수 있다. (이 그림의 직선은 하향 추세를 나타낸다.)

그 다음에 나오는 차트 3을 보면, 가격이 오르거나 내리지 않는 횡보세의 주식을 볼 수 있다. 이 주식은 앞에서 얘기한 더 높은 고점, 더 높은 저점, 더 낮은 고점, 그리고 더 낮은 저점을 보여주지 않는다. 대신에 이 주식은 그냥 현재의 고점과 저점 사이에서 오르고 내림을 반복할 뿐이다. 반등시에 이 주식은 이전의 고점에 접근하지만, 그러다가 다시 원래의 가격으로 떨어진다. 마찬가지로 이 주식은 이전의 저점까지 떨어지면, 다시 원래의 가격으로 돌아간다.

만일 당신이 이와 같은 정보를 사용해 주식의 추세를 알아낼 수

차트 1 : 상승세

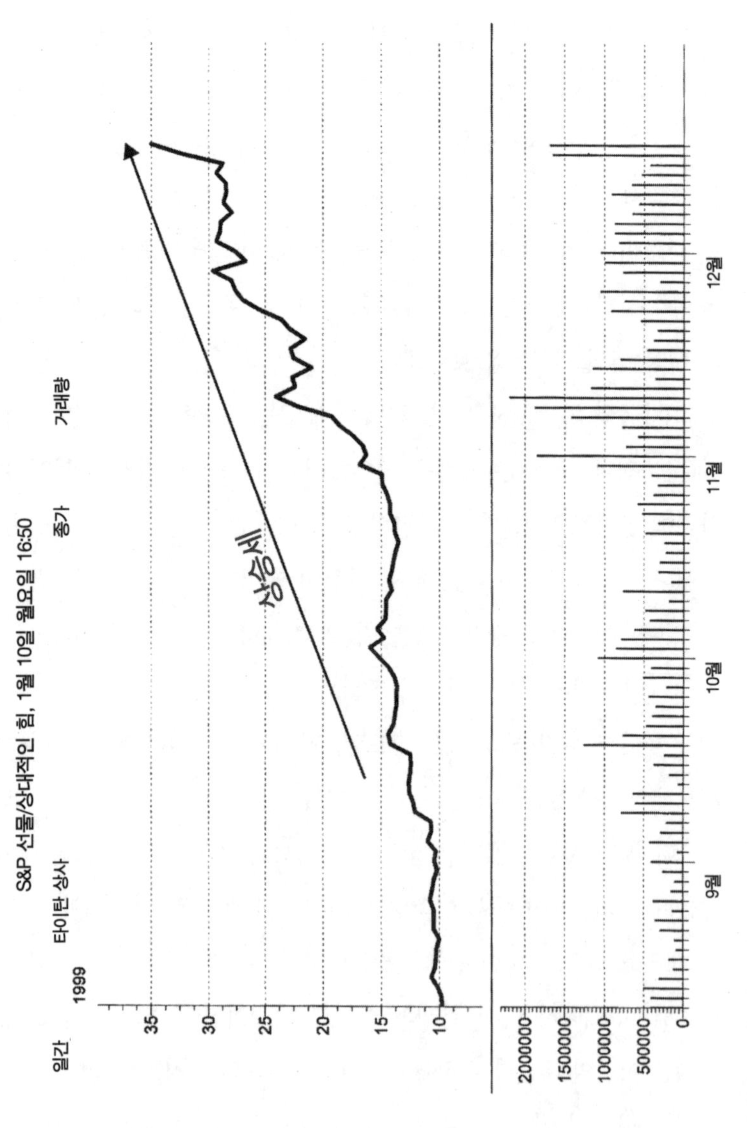

일간
1999
S&P 선물/상대적인 힘, 1월 10일 월요일 16:50
타이탄 상사
종가
거래량
상승세
35
30
25
20
15
10
2000000
1500000
1000000
500000
0
9월
10월
11월
12월

차트 2 : 하락세

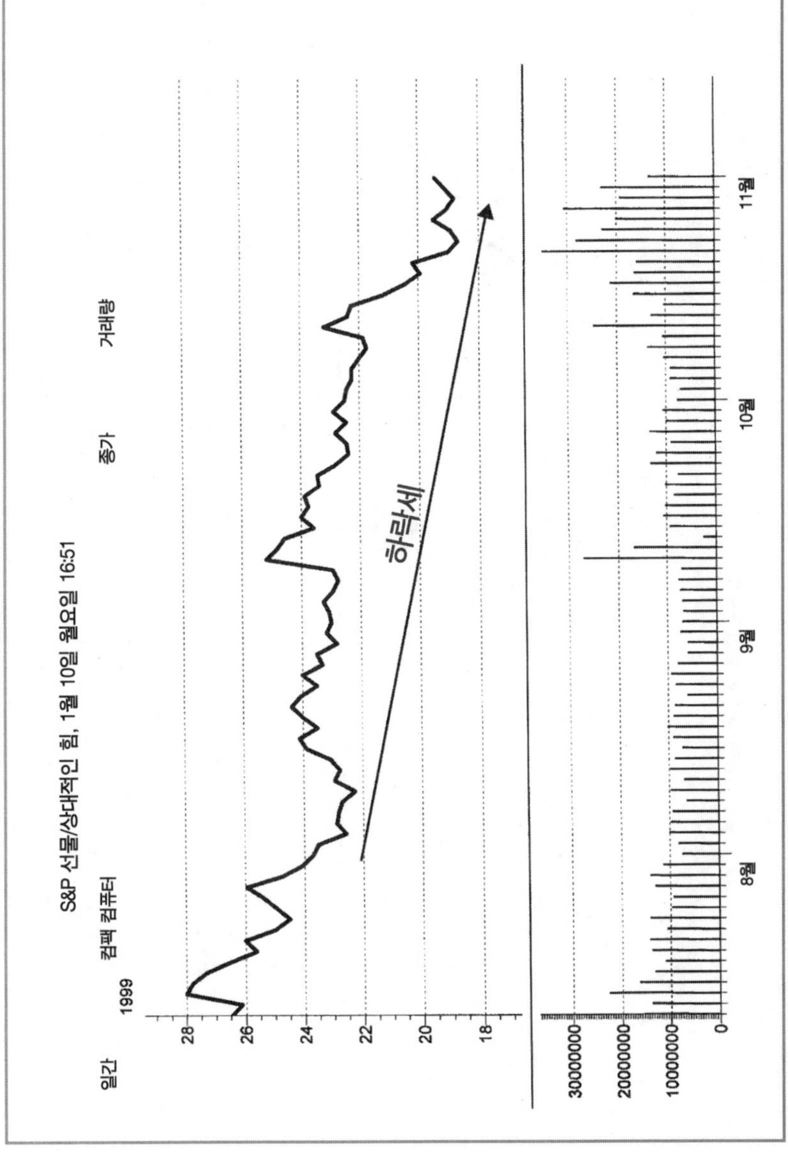

일간
1999
컴팩 컴퓨터
S&P 선물/상대적인 힘, 1월 10일 월요일 16:51
종가
거래량
28
26
24
22
20
18
하락세
30000000
20000000
10000000
0
8월
9월
10월
11월

차트 3 : 횡보세

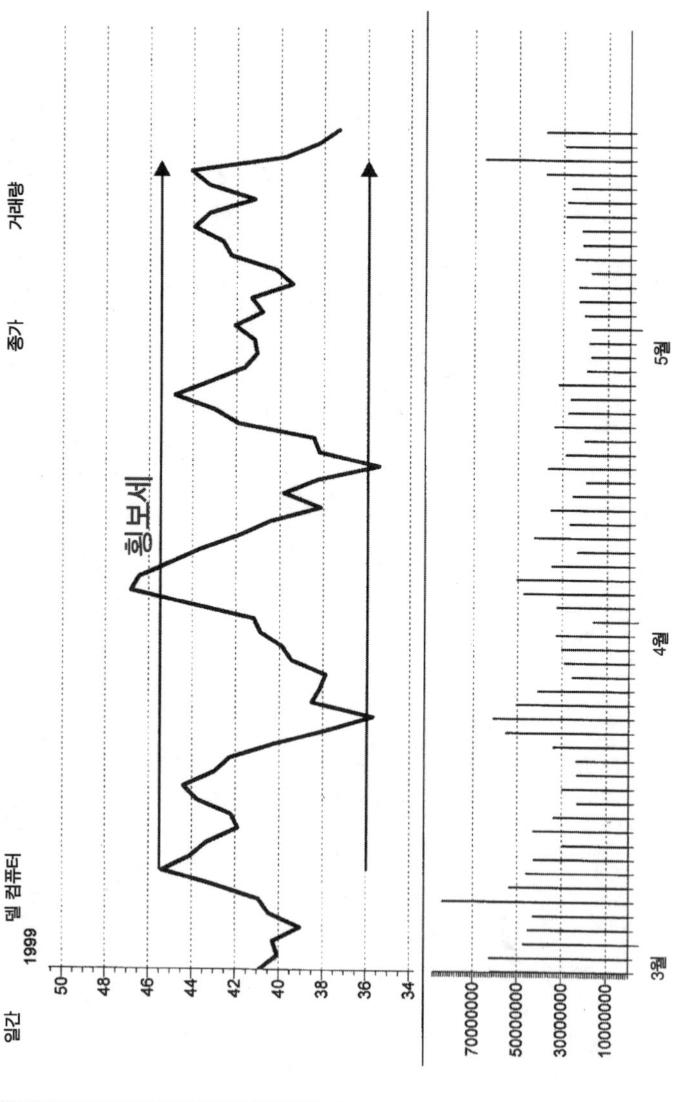

일간
1999
델 컴퓨터
S&P 선물/상대적인 힘, 1월 10일 월요일 16:52
종가
거래량
횡보세
50
48
46
44
42
40
38
36
34
70000000
50000000
30000000
10000000
3월
4월
5월

있다면, 주식의 추세 반전을 알아내는 것도 비교적 쉬운 일이다. 추세의 변화를 알아내는 가장 쉬운 방법은 더 높은 고점과 저점이나 더 낮은 고점과 저점의 패턴 반전을 찾아보는 것이다.

예를 들어 어떤 주식이 상승세에 있다면, 그 주식의 고점과 저점은 더 높아질 것이다. 하지만 이 주식이 반등하다가 이전 고점에 도달하지 못하고 다시 이전의 저점으로 떨어진다면, 이 주식의 추세는 반전되는 것이라고 볼 수 있다. 물론 반드시 그런 것은 아니며, 우리는 그 주식의 추세 반전을 확신하기 전에 분명한 신호를 기다려야 한다. 우리는 다음번의 반등까지 기다려 주가가 이전의 고점을 돌파하는지, 아니면 다시 더 낮은 고점으로 떨어지는지 관찰하게 된다. 만일 그 주식이 다시 또 더 낮은 고점으로 떨어진다면, 그때는 이 주식이 적어도 일시적으로는 추세가 반전되는 것이라고 생각해도 좋다.

마찬가지로, 하락세에 있는 어떤 주식이 갑자기 이전의 고점보다 높은 가격으로 올라가고 새로운 저점도 이전의 저점보다 높아진다면, 우리는 그 주식의 추세가 반전되었다고 결론을 내릴 수도 있다. 이번에도 우리는 추세 반전의 분명한 신호를 확인하기 위해 다음번의 반등까지 기다렸다가 다시 더 높은 고점에 도달하는지 볼 것을 권유한다.

당신도 짐작하겠지만, 추세 반전을 쉽게 확인할 수 있는 주식을 거래하면 많은 돈을 벌 수 있다. 만일 당신이 추세 반전을 금방 알아낼 수 있다면, 당신은 대다수의 투자가들이 추세 반전을 알아채기 전에 주식을 사거나 공매도를 할 수 있다. 이렇게 하면 당신은 더 적은 위험으로 더 높은 수익을 올릴 수 있다. 그렇기 때문에 다양한 패턴을 알아야 한다.

기본적인 개념은 상승세의 주식을 매수하고 하락세의 주식을 공매도로 파는 것이다. 사실 많은 거래인들은 "추세는 친구이다"는 격언을 잊지 않는다. 그렇지만 당신이 거래하는 주식이 반드시 상승세일 필요는 없다. 당신은 하락장이나 하락세에서도 똑같은 돈을 벌 수 있다.

또한 바닥 근처에서 주식을 매수하고 고점에서 주식을 공매도하면 횡보장에서도 돈을 벌 수 있다. 그렇지만 횡보장에서는 손절매를 제대로 하지 못하면 주식이 금방 횡보세에서 벗어나 상당한 손실을 유발할 수 있기 때문에 위험은 더 크다. 따라서 적어도 초보자들은 상승세나 하락세에 있는 주식만을 거래하도록 우리는 권유한다.

또 하나 알아야 할 점은 주식의 추세는 과거의 역사에 근거를 둔 것이기 때문에 앞으로도 그런 추세가 계속된다는 보장은 없다. 많은 비판가들이 얘기하듯이, 과거의 실적은 미래의 성과를 보장하지 못한다. 그렇기는 해도 우리는 입증된 시장의 통계적 평균치를 유리하게 활용하려 애쓴다.

따라서, 단기적인 주식의 추세가 앞으로도 계속된다는 보장은 없지만, 적어도 우리는 우리에게 유리한 가능성을 찾으려 한다. 그렇지만 항상 기억할 점은, 예기치 않은 상황이 발생할 때 손절매를 사용하는 것은 아주 중요하다.

상대적인 힘으로 주식을 거래하라

우리는 몇 가지 요인을 감안해 어떤 주식을 거래할 것인지 결정해야 한다고 믿는다. 하지만 주식의 상대적인 패턴은 우리가 보아야 할 가장 중요한 것 중 하나이다. 주식의 상대적인 패턴은 다우나 나스닥, 혹은 S&P 500 지수에 속한 주식이 그와 같은 시장 지수와 관련해 나타내는 힘을 뜻한다. 다시 말해 이것은 전체적인 시장에 대해 그 주식이 갖는 '상대적인 힘'이다. 주식의 상대적인 힘이 중요한 이유는 그런 힘이 있는 주식은 위험은 줄이면서 수익은 극대화시키기 때문이다. 다음에 드는 것은 주식의 상대적인 패턴을 보여주는 몇몇 예이다.

다음의 차트 4는 1999년 10월 8일부터 14일까지 다우 지수와 '인터내셔널 페이퍼(IP)'의 주가 변동을 보여준다.

이 기간 동안에 다우 지수는 하락세를 보이고 있다. 다우 지수는 10월 8일에 대략 10,650을 나타내다가 10월 14일에는 대략 10,280으로 마감했다. 따라서 이 기간 동안에 다우 지수는 대략 3.5%의 가치 하락을 경험했다.

이제는 같은 기간에 IP가 보여준 추세를 보기로 하자. IP는 10월 8일에 주당 47달러 1/2에 불과했지만 10월 14일에는 주당 50달러에 마감했다. 이 기간 동안에 IP는 대략 5.5%의 가치 상승을 경험했다.

다우 지수가 내려가는 동안 IP의 주가는 올라갔다. 시장이 내려

차트 4 : 상대적인 힘

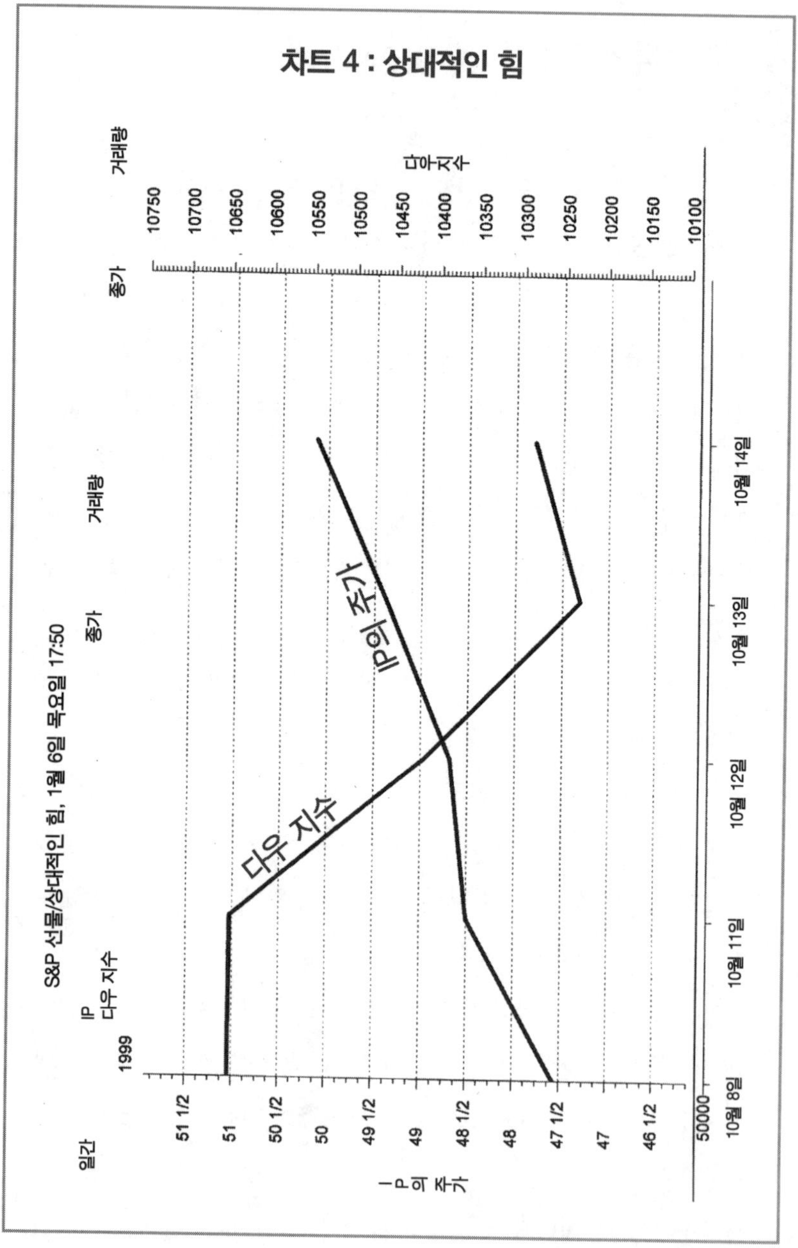

S&P 선물/상대적인 힘, 1월 6일 목요일 17:50
일간
1999
IP
다우 지수
종가
거래량
IP의 주가
다우 지수
51 1/2
51
50 1/2
50
49 1/2
49
48 1/2
48
47 1/2
47
46 1/2
50000
10750
10700
10650
10600
10550
10500
10450
10400
10350
10300
10250
10200
10150
10100
10월 8일
10월 11일
10월 12일
10월 13일
10월 14일

가는 동안 IP의 주가는 꾸준히 올랐기 때문에, 이 기간 동안 IP의 주식은 '상대적인 힘'을 갖고 있었다고 할 수 있다. 바로 이렇게 상대적인 힘이 있는 주식을 매수하는 것이 좋다. 당신이 주가 차트에서 상대적인 패턴을 처음 볼 때가 바로 주식을 매수할 시점이다.

상대적인 힘을 보여주는 주식을 매수하면 손실의 위험은 크게 줄어든다. 전체적인 시장이 상당한 폭으로 떨어진다 해도 그런 주식의 하락 폭은 그리 크지 않기 때문이다.

반면에 전체적인 시장이 강하게 반등한다면, IP의 주식은 상대적인 힘 때문에 다른 주식들보다 더 높은 폭으로 가격이 올라간다. 이미 그 주식이 강한 힘을 갖고 있다면, 시장에 더 많은 돈이 들어올 때 그 주식의 힘은 더 강해진다. 하지만 가장 좋은 점은, 전체적인 시장이 반등하지 않아도 당신의 손실 위험은 크게 줄어든다. 핵심은 손실의 위험을 최소한으로 하면서 수익의 가능성은 최대한으로 높이는 것이다.

그 다음의 차트 5는 1999년 10월 4일부터 11일까지 나스닥 지수와 브로드콤(Broadcom)의 주가 변동을 보여준다.

이 기간 동안에 나스닥 지수는 상승세를 보이고 있다. 나스닥 지수는 10월 4일에 대략 2,797을 나타내다가 10월 11일에는 대략 2,917로 마감했다. 따라서 이 기간에 나스닥 지수는 4.2% 가량의 가치 상승을 경험했다.

이제는 같은 기간에 브로드콤의 주가 변동을 보기로 하자. 브로드콤의 주가는 10월 4일에 주당 117달러에 불과했지만 10월 11일에는 주당 125달러에 마감했다. 따라서 이 기간에 브로드콤의 주가

차트 5 : 상대적인 힘이 없다

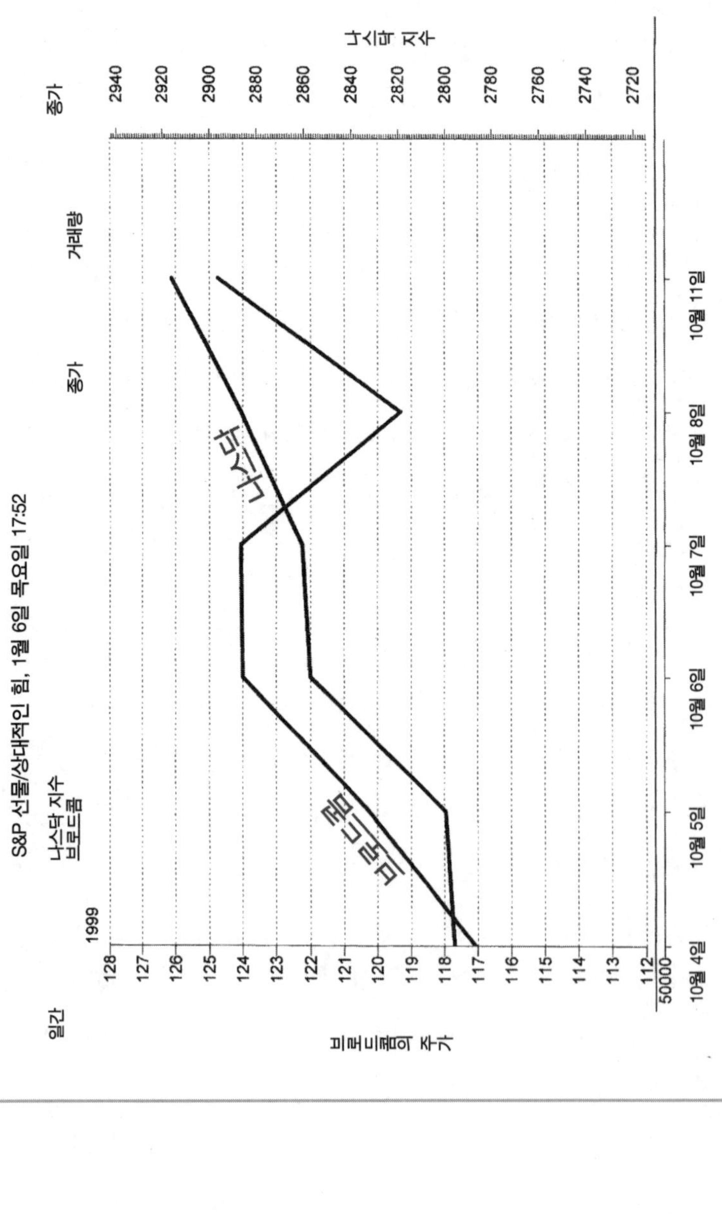

차트 6 : 상대적인 약함

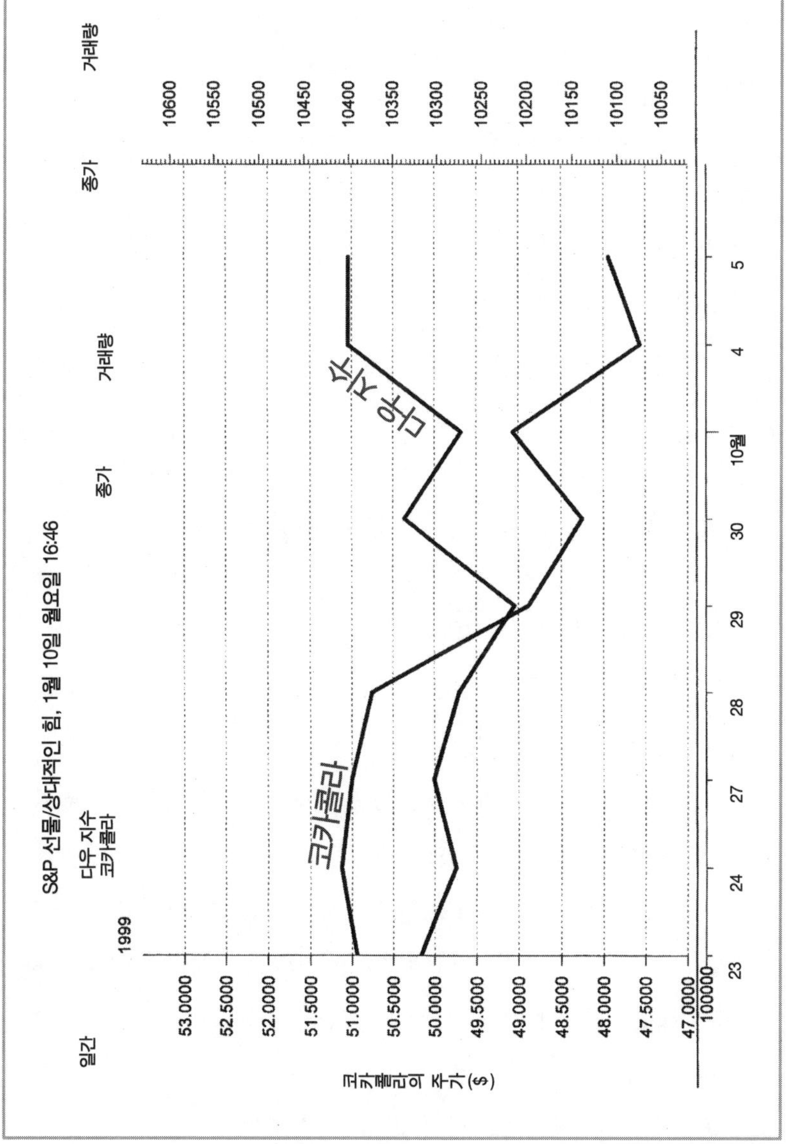
S&P 선물/상대적인 힘, 1월 10일 월요일 16:46
다우 지수
코카콜라
1999
일간
종가
거래량
코카콜라의 주가($)
다우 지수
코카콜라
53.0000
52.5000
52.0000
51.5000
51.0000
50.5000
50.0000
49.5000
49.0000
48.5000
48.0000
47.5000
47.0000
100000
10600
10550
10500
10450
10400
10350
10300
10250
10200
10150
10100
10050
23
24
27
28
29
30
10월
4
5

는 6% 가량의 가치 상승을 경험했다.

그 기간 동안에 나스닥 지수는 4.2% 가량 상승했고 브로드콤의 주가도 거의 같은 비율로 (6% 가량) 상승했다. 따라서 우리는 이 기간에 브로드콤의 주식에는 '상대적인 힘'이 없었다고 얘기할 수 있다. 왜냐하면 브로드콤의 주가는 시장과 거의 같은 폭으로 움직였기 때문이다. 시장이 올라갈 때 브로드콤의 주가도 올라갔다. 시장이 내려갈 때 브로드콤의 주가도 내려갔다. 그래서 상대적인 힘은 없다고 할 수 있다.

어떤 주식이 시장과 함께 움직인다면, 그 주식은 거래하지 않는 것이 좋다. 이런 주식은 시장이 가는 곳을 따라 가는데, 우리는 시장이 어디로 갈지 확실하게 알 수가 없기 때문이다. 이 경우에는 전체 시장이 올라갔지만, 만일 시장이 내려가는 경우에는 이 주식도 가격이 떨어질 것이다. 시장과 함께 움직이는 주식, 그러니까 상대적인 힘이 없는 주식은 전체 시장의 불확실성 때문에 거래의 위험이 높다. 이 경우에 브로드콤은 당신이 이 특정한 시기에 거래해서는 안 되는 주식이다.

그 다음 쪽에 나오는 차트 6은 1999년 9월 23일부터 10월 5일까지 다우 지수와 코카콜라의 주가 변동을 보여준다.

이 기간 동안에 다우 지수는 약간의 상승세를 보이고 있다. 다우 지수는 9월 23일에 10,320쯤 되었다가 10월 5일에는 10,400쯤에 마감되었다. 따라서 이 기간에 다우 지수는 1% 가량의 가치 상승을 경험했다.

그렇지만 코카콜라는 그렇지 못했다. 이 회사의 주식은 9월 23일에 주당 51달러쯤에 거래되었지만 10월 5일에는 주당 48달러 가량으로 떨어졌다. 따라서 코카콜라는 이 기간에 6% 가량의 가치 하락을 경험했다. 같은 기간에 다우 지수는 1% 가량 상승했지만, 코카콜라의 주가는 오히려 6% 가량 떨어졌다. 이 회사의 주식은 상대적으로 떨어지는 패턴을 보였다. 따라서 우리는 이 기간에 코카콜라의 주식은 '상대적인 약함'을 보였다고 얘기할 수 있다. 이렇게 어떤 주식이 상대적인 약함을 보일 때는 공매도를 하는 것이 가장 좋다. 우리는 시장이 어느 쪽으로 움직이건 돈을 벌려고 한다는 점을 기억하라.

코카콜라의 주식은 시장이 반등하는 동안 떨어졌기 때문에 상대적으로 약한 주식임을 알 수 있다. 갑자기 시장의 방향이 바뀌어 떨어지기 시작하면, 코카콜라는 애초에 약한 주식이었기 때문에 시장보다 더 급격하게 떨어질 것이다. 그리고 시장이 약해지면 이 회사의 주식은 한층 더 크게 떨어질 것이다. 이와 같은 특성을 갖는 주식은 공매도를 하는 것이 좋다.

지지선이나 저항선을 뚫은 주식을 거래하라

단타 매매에서 가장 중요한 개념의 하나는 기술적인 지표들에 바탕해 정확하게 언제 주식을 매수해야 하는지 아는 것이다. 주식의 기술적인 분석을 다루는 책을 읽었다면, 당신은 아주 복잡하고 발음

조차 하기 어려운 온갖 흥미로운 용어들과 개념들을 보았을 것이다. 물론 그런 것들도 알아두면 도움이 되기는 할 것이다. 하지만 우리가 여기에서 얘기하는 것은 당신은 그런 것들을 알지 못해도 단기 거래인으로서 수익을 낼 수 있다는 것이다. 우리의 개인적인 거래 결과들은 그 점을 반복해서 입증했다. 그렇지만 당신은 몇몇 핵심적인 기술적 지표들을 이해할 수 있어야 한다. 다행히도 그것들은 이해하기에 그렇게 어렵지가 않다.

지지선

지지선은 어떤 주식의 매수세가 유입되어 이미 설정한 기존의 저점을 떠받치게 하는 가격대를 말한다. 일반적으로 주식은 그와 같은 지지선에서 반등을 시도한다. 사람들이 지지선에서 종종 주식을 사는 이유는 그 가격이면 아주 좋은 가격이라고 생각하기 때문이다. 기본적으로 투자가들과 거래인들은 지지선 근처에서 주식을 사면 아주 적은 위험으로 가장 높은 수익을 올릴 수 있다고 믿는다. 지지선은 또 주식을 공매도하는 사람들이 그 가격대에서 공매도 포지션을 해소하기 때문에 나타난다. 그 결과 강력한 매수세가 유입되며, 그래서 주가는 오르게 된다.

다음의 차트 7은 '존슨 앤 존슨(Johnson & Johnson)'의 주식이 6개월 동안 어떻게 움직였는지 보여준다.

이 그림에서 당신은 이 회사의 주가가 90이나 91달러까지 떨어질 때마다 더 이상 낮아지지 않고 금방 회복되는 것을 볼 수 있다. 따라서 이 회사의 주식은 90이나 91 달러가 지지선이라고 얘기할

차트 7 : 지지선과 저항선

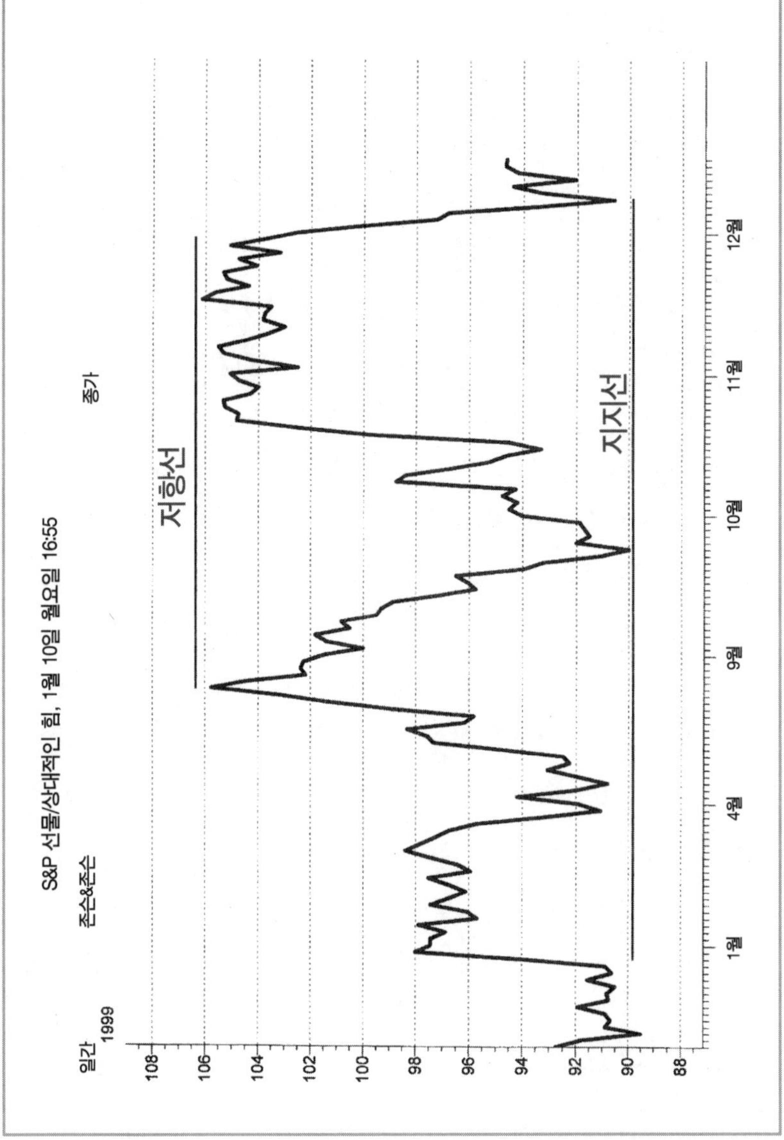

S&P 선물/상대적인 힘, 1월 10일 월요일 16:55
존슨&존슨
종가
일간
1999
저항선
지지선
108
106
104
102
100
98
96
94
92
90
88
1월
4월
9월
10월
11월
12월

수 있다.

저항선

지지선과 반대되는 개념은 저항선이다. 저항선은 주가가 더 이상 올라가지 않고 이전의 고점으로 내려가는 가격대를 말한다. 저항선에 도달한 주식은 그 밑으로 가격이 떨어지는 경향이 있다. 이렇게 되는 이유는 기본적으로 많은 매도자들이 지지선 근처에서 주식을 팔기 때문이다. 그리고 이런 매도자들은 두 부류로 나눌 수 있다.

첫번째 부류에 속하는 사람들은 주가가 저항선에 도달하면 더 이상 오르기 어렵다고 보기 때문에 공매도를 한다. 두번째 부류에 속하는 매도자들은 전에 높은 가격으로 주식을 샀다가 주가가 떨어질 때 손해를 보았고, 이제는 본전이라도 찾기 위해 주식을 파는 사람들이다. 그래서 이들은 주가가 이전의 고점에 도달하면 주식을 팔게 되고, 그 결과 기술적인 저항선이 나타난다.

다시 존슨&존슨의 차트를 보면, 이 회사의 주식은 105에서 106달러의 고점에 도달할 때마다 가격이 떨어지기도 한다는 것을 알 수 있다. 따라서 이 회사의 주식은 105에서 106달러가 저항선이라고 얘기할 수 있다.

이제는 지지선과 저항선의 개념을 이해했는데, 당신은 이것으로 정확하게 무엇을 해야 하는가? 여기서의 핵심은 간단하게 말해서 '돌파'이다.

돌파가 일어나는 것은 전에 지지선이나 저항선을 뚫지 못했던 주식이 갑자기 그것을 뚫을 때이다. 어떤 주식이 저항선을 뚫으면,

그것은 상향 돌파이다. 어떤 주식이 지지선을 뚫고 밑으로 내려가면, 그것은 하향 돌파이다. 그리고 우리는 양쪽 모두에서 돈을 벌 수 있다.

우리가 몇 포인트의 수익을 올릴 때 가장 좋아하는 한 가지 방법은 저항선을 돌파한 주식을 사는 것이다. 이것은 종종 통계적으로 효과를 나타내고 손절매만 잘 하면 위험은 아주 작기 때문에 높은 수익을 올리는 방법이다. 다음의 차트 8을 보자. 이 그림은 프로디지(PRGY)의 주가 차트이다.

이 그림을 보면 1999년 10월 29일 전에 22달러의 가격대에서 많은 저항이 있었음을 알 수 있다. 이 주식은 그 가격대를 뚫기 위해 여러 차례 애를 썼지만, 매번 매도세가 유입되어 주가는 그 가격 밑으로 떨어졌다. 하지만 거래량이 늘기 시작하면서 어떤 일이 생겼는지 한번 보라. 이 회사의 주식은 10월 29일에 22달러를 넘어섰고 금방 25달러까지 올라갔다. 거래량이 증가한 것은 이 회사의 주식이 22달러의 저항선을 뚫을 수 있다는 신호였다. 이 회사의 주식이 22달러의 저항선을 뚫자마자 우리는 22달러 1/4의 가격에 주식을 매입했다.

왜 우리는 주식을 매입했을까? 우리는 이 주식이 많은 거래량을 수반하며 저항선 위쪽에서 거래되면 대부분의 매도자들은 손을 털 것이고, 남아 있는 공매도 포지션은 해소될 것이고, 그러면 가격은 더 높아질 것임을 알았기 때문이다. 정말로 이 회사의 주식은 10월 29일에 장이 마감될 때 25달러를 넘어섰다. 그래서 우리는 놀랐는가? 전혀 그렇지 않다. 우리는 이 주식을 22달러 1/4의 가격으로

차트 8 : 저항선 돌파

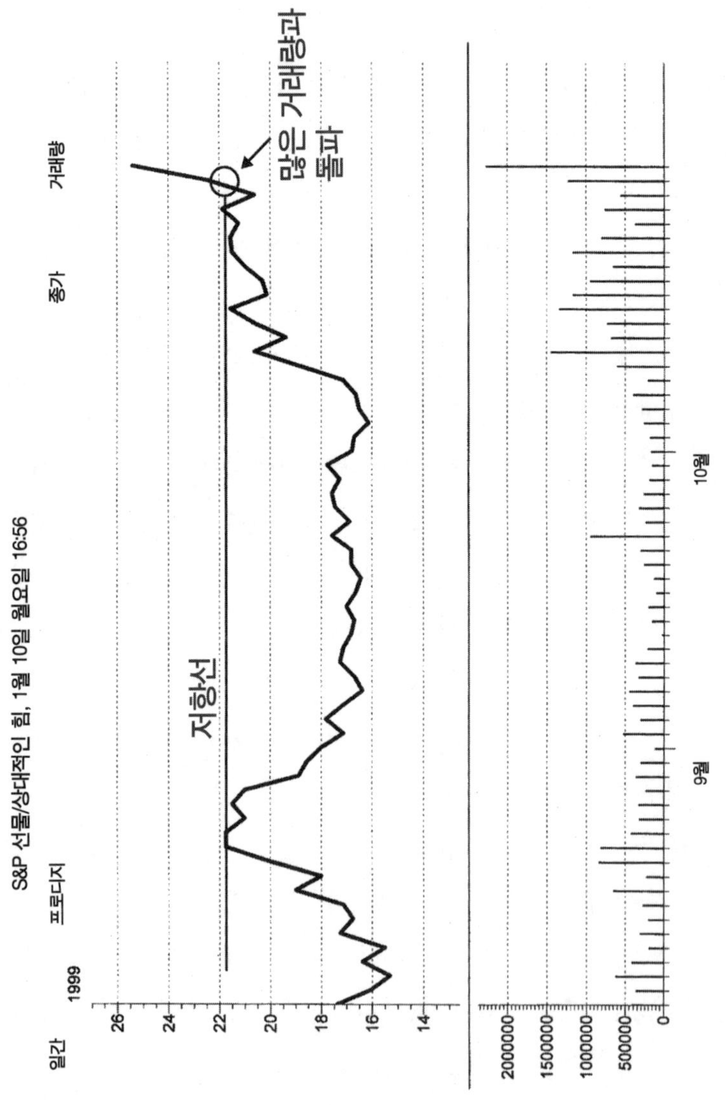

일간
1999
프로디지
S&P 선물/상대적인 힘, 1월 10일 월요일 16:56
종가
거래량
저항선
많은 거래량과 돌파
26
24
22
20
18
16
14
2000000
1500000
1000000
500000
0
9월
10월

매입할 때 적어도 몇 포인트의 수익을 올릴 수 있다고 90% 정도 확신했다. 그리고 이 주식은 실제로 짭짤한 수익을 올려주었다.

저항선을 뚫었을 때 주식을 사는 또 하나의 예를 들기 위해, 그 다음 쪽에 나오는 차트 9를 보기로 하자. 이 그림은 코카콜라(KO)의 주가 차트이다.

이 주식은 1999년 10월 21일 전에 53달러나 54달러의 가격대에서 많은 저항을 받았다. 그 날짜 이전에 이 주식은 하락세를 경험했고, 그 결과 다시 반등을 시도할 때마다 많은 매물이 나오면서 강한 저항에 부딪쳤다. 코카콜라의 주식은 10월 21일 전에 몇 차례 54달러의 가격대를 뚫으려 했지만, 저항을 받아 다시 가격이 떨어졌다. 그러나 처음으로 53달러의 저항선을 뚫고 54달러의 가격까지 올라간 후에 다시 떨어진 가격은 이전의 저점보다 더 높았음을 확인하라. 다시 말하면, 원래의 저점은 48달러 근처였지만, 가격이 54달러까지 올라간 후에 새로 나타난 저점은 (10월 13일의) 51달러에 불과했다. 이것은 추세 반전, 즉 더 높은 저점을 우리가 처음으로 확인하는 단서가 되었다.

그래서 다시 54달러의 저항선을 시험하는 때가 되었을 때, 우리는 이 주식이 그와 같은 저항선을 뚫고 더 높이 올라갈 것이라고 확신했다. 그리고 실제로 그렇게 되었다. 우리는 코카콜라의 주식을 54달러 3/8에 매수했고, 이 주식은 저항선을 뚫었기 때문에 그후 3일 동안 59달러까지 올라갔다.

당신은 이 주식을 돌파 가격인 54달러에 샀다면 쉽게 4포인트의 수익을 올렸을 것이다. 하지만 항상 실제로 돌파가 일어날 때까지 기다린 후에 주식을 사야만 한다. 우리가 이 주식을 54달러가 아닌 53달러에 매수했다면, 이 주식은 다시 51달러까지 떨어졌을 수도 있고, 그러면 우리는 손절매를 하지 않을 수 없었을 것이다. 이번에도 이 주식을 아주 작은 위험으로 우리에게 짭짤한 수익을 올려 주었다. 이제는 저항선 돌파 후에 주식을 사는 개념을 이해할 수 있는가?

이와 반대되는 개념은 지지선을 뚫고 밑으로 내려가는 주식에 적용된다. 당신이 좇는 어떤 주식이 갑자기 이전의 지지선에서 반등하지 못하고 그 가격 밑으로 떨어지면, 이 주식은 공매도를 하기 위한 후보가 된다. 하지만 이번에도 조금 더 기다려 확실하게 본 후에 공매도를 하는 것이 좋다.

그러나 한 가지 아주 중요한 점은, 그 주식이 저항선 위에서 실제로 거래되기 전에는 주식을 사지 말아야 한다. 그 주식이 저항선을 뚫기 전에 주식을 사면, 당신은 그 주식이 그냥 저항선 위에서 거래되다가 다시 더 낮은 가격으로 떨어지는 위험을 안게 되고, 그러면 당신은 손절매를 해야만 한다. 물론 그 주식이 저항선 위에서 실제로 거래될 때까지 기다리면 매수 가격은 더 높을 것이다. 하지만 그것은 별 문제가 되지 않는다. 당신은 더 작은 위험만을 안기 때문에 장기적으로는 더 많은 돈을 벌게 된다. 따라서 인내심을 갖고 기다려라. 도박을 하지 말라!

차트 9 : 추세 반전의 신호

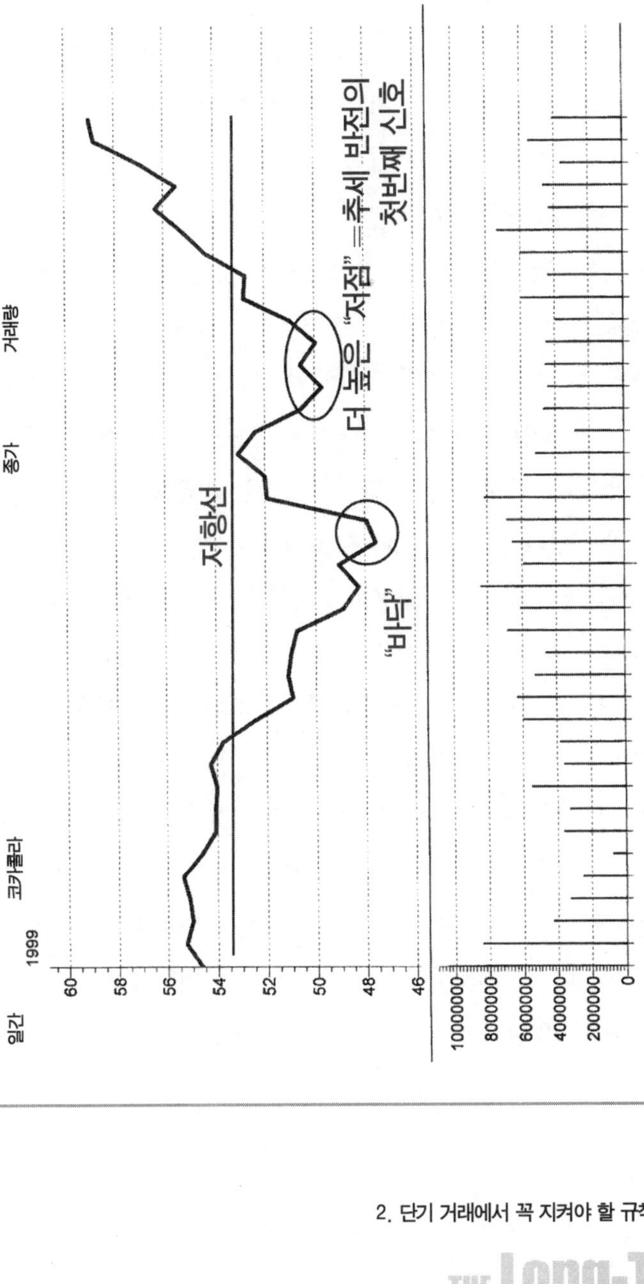
S&P 선물/상대적인 힘, 1월 10일 월요일 16:58
일간
1999
코카콜라
종가
거래량
저항선
"바닥"
더 높은 "저점" = 추세 반전의
첫번째 신호
60
58
56
54
52
50
48
46
10000000
8000000
6000000
4000000
2000000
0
7 9 13 14 1617 21 22 27 28 30 10월 5 6 8 11 13 15 19 20 22 25 27 28

위험/보상 비율을 이해하고 사용하라

당신은 주식을 거래할 때 위험을 극소화시키는 정말로 쉬운 방법을 알고 싶은가? 그렇다면 당신은 무엇보다 위험/보상 비율을 알아야만 한다. 이 기본적인 개념을 이해하면 당신의 위험은 극소화되고 수익은 극대화될 것이다.

거래의 위험/보상 비율을 감안한다는 것은 얻을 수 있는 보상과 비교해 거래의 위험이 어느 정도인가를 생각한다는 뜻이다. 다시 말하면, 수익의 가능성과 비교해 위험의 가능성은 얼마나 되는가? 수익의 가능성보다 위험의 가능성이 더 높다면, 그런 거래를 하지 말아야 한다. 하지만 그 반대라면, 그때는 거래를 한다.

우리는 단타 매매를 할 때 끊임없이 이 점을 생각한다. 단기 거래인에게 한 가지 좋은 예는 이미 하루 동안에 몇 포인트가 오른 주식이다. 가령 그 주식이 하루 동안에 이미 주당 40달러에서 47달러의 가격으로 올랐다고 가정해 보자. 그러면 우리의 위험/보상 비율은 얼마나 될까? 우리는 이 주식의 수익 가능성보다 위험 가능성이 훨씬 더 높다고 본다. 이 주식은 몇 달러가 오르기보다 내릴 가능성이 크기 때문이다. 우리는 고작 1달러 정도의 수익을 올리기 위해 더 큰 손실의 위험을 안게 된다. 하지만 우리가 이 주식을 42달러쯤에 샀다면, 그때는 겨우 2달러밖에 오르지 않았기 때문에 위험/보상 비율은 훨씬 더 좋아진다. 다시 말해 이 주식은 오를 가능성이 훨씬 더 높다.

위험/보상 비율의 또 다른 예를 보기로 하자. 가령 당신은 두 가지 주식을 사려 하고 있다. 하나는 일주일 전에 52주간 고점을 돌파했고 그후 5일 동안 연속해서 수익을 올렸다. 그래서 이 주식은 다시 새로운 52주간 고점에 앉아 있다. 다른 하나는 52주간 고점에 근접하고 있지만 아직은 그 가격을 넘지 않았다. 단기적인 관점에서, 다른 모든 요인들이 같다면, 당신은 둘 중에서 어떤 주식이 더 나은 위험/보상 비율을 갖고 있다고 보는가? 당연히 답은 두번째 주식이다.

첫번째 주식은 일부에서 수익을 실현해 다시 하락세로 반전할 가능성이 매우 높다. 이 주식을 사면 당신은 그동안 오른 만큼 큰 폭으로 내릴 수 있기 때문에 상당한 손실을 입을 수도 있다. 게다가 이 주식은 이미 많이 올랐기 때문에 더 이상 오를 여지도 크지 않다.

두번째 주식은 첫번째 주식보다 내릴 가능성이 적기 때문에 위험/보상 비율은 훨씬 더 좋다고 할 수 있다. 하지만 더 중요한 것은 오를 가능성이 훨씬 더 높다는 점이다. 이 주식은 일단 52주간 고점을 돌파하면 계속해서 몇 포인트가 더 올라야만 추세가 반전될 가능성이 높다. 따라서 이 경우에는 하락의 위험도 있지만 상승의 가능성은 훨씬 더 크다.

이와 같은 위험/보상 비율을 이해하는 것이 중요한데, 그 이유는 어떤 거래를 해야 가장 적은 위험으로 가장 높은 수익을 올릴 수 있는지 알 수 있기 때문이다. 이것은 특히 펀더멘탈이 모두가 좋은 주식들을 여럿 찾았는데 당신은 하나의 주식밖에 살 수 없을 때 더 도움이 되는 개념이다. 이럴 때 당신은 각각의 주식이 갖는 위험/

보상 비율에 근거해 결정을 내려야 한다.

당신이 볼 때 어떤 주식이 (기술적인 지지선 근처에서 거래된다는 사실로 보아) 하락의 위험은 1달러 정도로 극히 낮다면, 이 주식은 거래해도 좋은 주식일 것이다. 하지만 어떤 주식이 하락의 위험은 7~10달러인데 수익의 가능성은 2달러에 불과하다면, 이 주식은 거래하지 않는 것이 좋을 것이다.

아쉽게도 각각의 거래가 갖는 위험/보상 비율을 측정하는 구체적이거나 객관적인 방법은 없다. 그래서 이것은 일반 상식과 기본적인 기술적 분석을 사용해야 하는 문제라고 할 수 있다. 늘 기술적인 지지선과 저항선을 보면서 당신의 위험/보상 비율을 측정한 후에 거래를 해야 한다.

가격에만 의존해 주식을 고르지 말라

우리는 처음에 거래를 시작했을 때 자본이 아주 부족했고, 그래서 우리는 단타 매매로 수익을 올릴 충분한 돈이 없다고 걱정했다. 그 결과 우리는 아주 값싼 주식들만 찾으려 했다. 우리가 거래한 주식들은 대개 주당 가격이 3달러에서 20달러 사이였다. 우리가 이렇게 저가 주식들을 고른 이유는 그러면 더 많은 주식을 사서 더 많은 수익을 낼 수 있다고 생각했기 때문이었다. 당시에는 그와 같은 생각이 아주 논리적인 것 같았고, 우리는 그런 저가 주식들을 거래해서 나름대로 수익도 올렸다.

하지만 우리는 한 가지 중요한 점을 깨닫지 못했다. 가격이 더 높은 주식들을 거래해도 똑같이 많은 수익을 올릴 수 있다는 점이었다. 가격이 더 높은 주식은 포인트 면에서 그만큼 더 많이 오르기 때문이었다. 따라서 우리는 비싼 주식을 더 적게 사도 값싼 주식을 더 많이 살 때만큼 수익을 올릴 수 있을 것이었다. 이 점을 알아보기 위해 몇 가지 예를 보기로 하자.

첫번째 예 : 가령 당신은 주당 가격이 10달러인 어떤 주식을 500주 사기로 결정한다. 매입 가격은 5000달러일 것이다. 이 주식의 가치가 높아져 주당 50센트의 수익이 가능하다면, 이 주식의 가격은 이제 주당 10.50달러가 되고, 그래서 당신이 갖게 되는 가치는 5250 달러가 된다. 그 결과 당신은 5000달러의 자본으로 250 달러의 수익을 올리게 된다.

두번째 예 : 당신은 갖고 있는 5000달러로 비싼 주식을 사기로 결정한다. 그것은 주당 125달러이기 때문에, 당신은 40주만을 산다. 그리고 이 주식도 앞에서처럼 가치가 5% 상승한다. 그래서 당신은 주당 6.25달러의 수익을 올리게 되며, 이 주식의 가격은 이제 주당 131.25달러가 된다. 당신의 투자는 이제 주당 131.25달러×40주, 모두 5250달러가 된다. 따라서 당신은 5000달러의 자본으로 250 달러의 소득을 올린다.

위의 예에서 볼 수 있듯이, 어떤 주식이 특정한 비율로 오르거나 내릴 때, 당신이 얻는 수익은 당신이 매입한 주식 수와 전혀 상관이 없다. 그 주식의 가격이 싸건 비싸건 5%의 수익은 같은 것이다. 따라서 당신은 더 적은 수의 비싼 주식을 사면 수익이 높지 않을 것이라는 착각을 하지 말아야 한다. 주식의 가격이 싸건 비싸건 수익은 같다.

물론 그 모든 요건을 충족하는 값싼 주식을 사는 데 어떤 문제가 있는 것은 전혀 아니다. 다만 값싼 주식만을 사겠다고 생각해서는 안될 뿐이다. 당신은 자본이 부족할 때 어떤 주식을 25주만 사면 우스운 일이라고 생각할 수도 있다. 우리도 그렇게 생각했었다. 하지만 그 200달러 짜리 주식이 10포인트 상승하면, 당신은 250달러의 수익을 올리게 된다. 반드시 많은 주식을 사야만 돈을 벌 수 있다고 착각하지 말라. 물론 많은 주식을 살 수 있다면 좋겠지만, 당신은 더 적은 수의 비싼 주식으로도 돈을 벌 수 있다.

실적 발표가 임박한 주식은 피하라

1998년 초에 우리는 야후(Yahoo)의 실적 발표가 있기 직전에 그 주식을 사서 돈을 좀 벌기로 결정했다. 그래서 우리는 실적 발표가 있기 전날 주식을 산 후, 기대감으로 실적 발표를 기다렸다. 다음날 발표된 야후의 실적은 기가 막힌 것이었다. 야후는 예상보다 20%를 넘는 좋은 실적을 기록했다. 이 회사의 매출과 수익은 엄청나게 늘어났다. 우리는 말 그대로 돈이 보이는 것 같았다. 그리고 우리는 현명한 선택을 자축했다. 우리는 그날 밤 기쁘게 잠자리에 들면서 다음날의 멋진 수익을 기다렸다. 하지만 실제로 일어난 일은 그것이 아니었다.

시장이 문을 연 지 15분만에 야후의 주가는 무려 9포인트나 떨어졌다. 우리는 가슴이 내려앉는 것을 느꼈다. 그로부터 5일 후에 야후의 주가는 거의 30포인트 가까이 떨어졌다! 결국 우리는 손절매를 하고 상당한 손실을 감수해야 했다. 우리는 끝까지 주식을 잡고 가격이 회복되기를 기다릴 수도 있었지만, 규칙을 따라야만 다시 게임을 할 수 있음을 잊지 않았다.

그렇다면 어떻게 된 것일까? 아마도 월가의 프로들은 그 주식의 현재 가치가 야후의 멋진 실적을 이미 충분히 반영했다고 생각했을 것이다. 그래서 그들은 호재에도 불구하고 주식을 내다 팔았다. 마찬가지로, 때로는 실적 발표가 신통치 않아도 주가는 크게 오르기도 한다.

이 이야기의 교훈은? 실적 발표가 임박한 주식은 피하는 것이 좋다. 실적이 발표된 후에 주가가 어느 쪽으로 움직일지 알 수가 없기 때문이다. 경험이 많은 거래인에게 물어보면, 그 사람은 틀림없이 비슷한 얘기들을 많이 해줄 것이다. 실적 발표가 임박한 주식을 거래하는 것은 도박을 하는 것과 마찬가지다. 도박을 하고 싶다면 라스베가스로 가라.

우리가 달성하려는 목표는 어떻게 수익을 극대화시키면서 위험을 극소화시킬 수 있는지 당신에게 알려주는 것이다. 실적 발표가 임박한 주식을 거래하는 것은 절대로 금물이다.

가장 강하거나 약한 업종의 주식을 거래하라

초심자들이 종종 간과하는 거래의 한 가지 방법은 소위 말하는 업종 거래이다. 이것은 무작위로 개별 주식을 거래하는 것이 아니라 (정상적인 거래일 경우에는) 가장 강한 업종, 그리고 (공매도일 경우에는) 가장 약한 업종에 속하는 주식을 거래하는 것이다.

우리가 오랫동안 거래하면서 관찰한 한 가지 현상은, 현재의 시장 상황이 어떠하건 돈은 끊임없이 업종에서 업종으로 이동한다. 우리가 관찰한 바에 따르면, 어느 때건 늘 아주 강한 업종은 반드시 있게 마련이다. 때로는 그것이 석유 업종이고, 때로는 그것이 신기술 업종이며, 때로는 그것이 제약 업종이다. 우리는 이것이 뮤추얼 펀드 매니저들이 엄청난 돈을 다양한 업종으로 끊임없이 이동시키기 때문이라고 믿는다. 이것은 또 상대적으로 가장 강하거나 약한 업종이 평균보다 더 많은 거래량을 나타내기도 하는 이유도 된다.

우리가 찾는 업종은 단순하게 강하거나 약하기만 한 업종이 아니라 (더 중요한 것은) 평균보다 거래량이 많은 업종임을 명심하라. 특정한 업종에서 거래량이 많다는 것은 정말로 사거나 팔려는 사람들이 많다는 뜻이다.

업종 거래의 한 가지 이점은 무작위로 다양한 업종에서 단순하게 주식을 거래할 때보다 시장의 전반적인 위험이 더 낮아 보인다는 점이다. 가장 강한 업종의 주식을 거래하면, 당신은 기본적으로 추세와 싸우는 것이 아니라 추세와 함께 가는 것이다. 그리고 당신은 추세와 함께 갈 때 큰돈을 따라 움직이기 때문에 더 많은 돈을 벌 수 있다.

업종 거래의 또 다른 이점은 기세가 당신 편에 있기 때문에 평균적으로 더 많은 수익을 낼 수 있다는 점이다. 만일 당신이 다른 사람들보다 먼저 강한 업종을 찾아낼 수 있다면, 강한 업종에서 전형적으로 나타나는 추가적인 기세 때문에 당신의 수익은 훨씬 더 높아진다.

우리가 관찰한 바에 따르면, 특정한 업종의 사자 혹은 팔자 기세는 대개 3일 동안 지속되는 경향이 있다. 만일 당신이 처음에 이와 같은 기세의 변화를 확인할 수 있다면, 당신이 올리는 수익은 훨씬 더 높아질 수 있다.

앞에서 우리는 전체 시장과 비교해서 상대적으로 힘이 강한 주식들을 거래하는 것에 대해 얘기했다. 물론 당신은 상대적인 힘이 강하기만 하면 거의 어떤 주식이든지 거래할 수 있다. 하지만 상대적인 힘이 특히 강하고 평균보다 거래량이 높은 업종에 속한 주식을 거래하면 수익의 가능성은 훨씬 더 높아진다. 그 업종이 상대적인 힘은 강하지만 거래량은 평균보다 못하다면, 당신이 생각하는 것만큼 그렇게 강하지 못할 수도 있다. 거래량은 해당 업종의 강세를 보여주는 분명한 정보이다.

상대적인 힘이 있는 업종을 찾아내는 가장 쉬운 방법은 다우, 나스닥, 혹은 S&P 500 지수와 비교해 특정한 업종의 힘을 보여주는 차트를 분석하는 것이다. 인터넷 사이트에 가면 다우나 나스닥, 혹은 그밖의 시장 지표와 비교해 해당 업종의 힘을 나타내는 차트를 볼 수 있다.

정상적인 거래를 할 때, 우리는 다우존스 지수보다 더 빠른 속도로 상승하는 업종들을 찾아본다. 이렇게 하려면 몇 가지 요인들을 관찰해야 한다.

첫째, 우리는 대개 90일 동안의 가격 변동을 보여주는 차트를 분석한다. 물론 1년 짜리 차트를 분석할 수도 있지만, 우리가 볼 때는 90일 짜리 차트가 가장 최근에 일어난 일을 가장 정확하게 보여준다. 우리가 거래하는 주식들은 대개 며칠이나 몇주 동안만 거래하는 것들임을 기억하라. 따라서 우리에게 중요한 것은 어떤 업종의 장기적인 추세가 아니라 단기적인 추세이다. 우리는 투자를 하는 것이 아니라 수익을 올리려는 것임을 기억하라.

둘째, 우리는 업종들의 상대적인 힘을 분석한다. 그렇게 할 때 우리는 시장의 급락을 보려 한다. 시장이 급하게 떨어질 때 그 업종은 어떻게 반응하는가? 일반적으로 업종들은 다음의 세 가지 가운데 하나의 반응을 보인다.

1. 해당 업종은 전체 시장과 비슷한 비율로 떨어진다.
2. 해당 업종은 크게 떨어지지도 않고 크게 오르지도 않는다. 다시 말해 그 업종은 횡보세를 나타낸다.
3. 해당 업종은 시장이 떨어질 때 오히려 상승한다.

위의 세 가지 중에서 어떤 반응이 거래하기에 가장 좋은 업종일까? 답은 물론 세번째 반응이다. 세번째 반응을 보이는 업종은 시장이 떨어질 때 오히려 반등하기 때문에 상대적인 힘이 가장 강한 업종이다. 따라서, 시장이 급락을 멈추고 다시 반등하기 시작하면, 이런 업종은 어떻게 될 것이라고 생각하는가?

이런 업종은 폭등세를 나타낸다. 왜 그럴까? 시장이 급락하는 동안에도 충분한 매수세가 있다면, 시장이 반등하기 시작할 때 얼마나 많은 매수세가 있을지 생각해 보라. 그래서, 상대적인 힘에만 의존해서 평가할 때, 거래하기에 가장 좋은 업종은 시장이 떨어질 때 상승세가 가장 강한 업종이다. 또 하나 기억할 것은 거래량의 중요성이다. 가격이 오르면서 거래량도 함께 증가하는 주식을 골라야 한다.

어느 업종이든 주식의 바구니를 거래하라

우리가 볼 때 가장 수익이 높고 가장 위험이 낮은 거래 방법의 하나는 당신이 선택한 업종에서 주식의 '바구니(basket)'를 거래하는 것이다. 그러니까 당신이 강하다고 생각하는 업종에서 단 하나의 주식만 거래하는 것이 아니라 적어도 둘 이상의 주식을 거래하는 것이다. 전문적인 자금 관리자들과 뮤추얼 펀드 매니저들이 주식의 분산 투자를 권유하는 것처럼, 여기서도 똑같은 개념이 적용된다. 주식의 바구니를 거래하면 두 가지 이점이 있다. 즉, 더 많은 주식과 더 낮은 위험이다. 당신이 거래하는 업종에서 주식의 바구니를 거래하면 수익은 높아지고 위험은 낮아진다. 왜 그렇게 되는지 몇 가지 예를 보자.

가령 당신은 항공 업종이 많은 상승 기세와 상대적인 힘을 보여주기 때문에 강한 업종이라고 결론지었다. 그래서 당신은 아메리칸 항공(AMR)의 주식을 사기로 결정한다. 그런데 당신이 이 회사의 주식만 갖고 있다면, 당신은 기본적으로 이 주식의 실적에만 의존해야 한다. 주가가 오르면, 당신은 주식을 팔아 수익을 올린다. 주가가 비슷하면, 당신은 본전만 챙긴다. 주가가 내리면, 당신은 손절매를 하고 손해를 본다. 하지만 어느 경우이건, 당신의 운명은 전적으로 이 하나의 주식에 좌우된다.

이번에는 같은 상황을 다른 방식으로 접근해 보자. 당신은 아직도 항공 업종의 주식을 사려 한다. 하지만 이번에는 이 업종에 속하는 주식들의 바구니를 산다. 당신은 아메리칸 항공(AMR), 델타 항공(DAL), 그리고 콘티넨탈 항공(CAL)의 주식을 산다. 이렇게 하면 두 가지 가능한 결과가 나온다. 예를 들어 DAL은 1포인트 올라가고, CAL은 2포인트 올라가고, AMR은 1포인트 올라간다고 가정하자. 이렇게 되면 당신이 상당히 기분이 좋다. 당신은 세 가지 주식 모두를 팔아 4포인트의 수익을 올린다.

또 하나의 경우는 DAL이 1포인트 올라가고, CAL이 1포인트 올라가고, AMR은 1포인트 떨어지는 경우이다. 그러면 당신은 AMR에서 1포인트의 손해를 보지만, 그것은 CAL에서 나오는 1포인트의 수익이 상쇄하기 때문에, 당신은 여전히 1포인트의 수익을 올리게 된다. 하지만 당신이 첫번째 경우처럼 AMR의 주식만 거래했다면,

당신은 1포인트의 손해를 볼 수밖에 없었을 것이다.

세번째 경우는 DAL은 그대로이고, CAL은 1포인트 올라가고, AMR은 1포인트 내려가는 것이다. 그러면 당신은 이번에도 1포인트의 손해를 보지만, CAL에서 1포인트의 수익을 내기 때문에, 전체적으로는 본전이 된다.

위의 경우들에서 볼 수 있듯이, 주식의 바구니를 거래하면 수익의 가능성은 높아진다. 하나의 주식에서만 수익을 내는 것이 아니라, 당신은 몇개의 주식에서 수익을 낼 수 있게 된다. 하나의 주식에서 1포인트의 수익이 나면, 전체적인 수익은 당연히 1포인트이다. 하지만 세 가지 주식에서 모두 1포인트씩의 수익이 나오면, 결과는 3포인트의 수익이 된다. 그래서 당신은 수익의 가능성을 3배로 높이지만, 각각의 주식에서는 여전히 1포인트씩의 수익만 올리면 된다.

특정한 업종에서 어떤 주식들을 거래할지 결정할 때는 각 업종에서 앞서가는 주식들을 선택하라. 이렇게 앞서가는 주식들은 더 빠르게 움직이는 경향이 있다. 특정한 업종에서 앞서가는 주식들은 대개 평균 거래량이 가장 많고, 변동성도 가장 높고, 가장 크게 움직이는 경향이 있다.

우리가 업종 거래를 할 때 보통 염두에 두는 한 가지 특성은 평균보다 많은 거래량이다. 이번에도 당신은 거래하려는 업종에서 평균보다 높은 거래량이 나타남을 확인해야 한다. 이것은 정상적인 거래를 하건 공매도를 하건 똑같이 적용된다. 거래량이 많다는 것은 그 업종의 상대적인 힘이나 약함이 사실로 확인되는 것임을 기억하

라. 평균보다 높은 거래량을 나타내는 주식의 힘을 무시하지 말라.

주식들의 바구니 안에 있는 모든 주식에서 손해를 보게 될 가능성은 별로 높지 않다. 그래서 당신이 안는 위험도 크게 줄어든다. 바구니 안의 수익을 내는 거래가 손실을 기록하는 다른 거래를 벌충하기 때문이다. 설사 바구니 안에 있는 모든 주식에서 수익을 내지 못한다 해도, 당신은 대개 분산 투자로 인해 여전히 수익을 올리게 된다.

각 업종에서 가장 크고 변동성이 높은 주식을 거래하라

이제 당신은 업종 거래와 주식들의 바구니를 사는 것의 중요성을 알게 되었다. 그래서 당신은 각 업종 안에서 어떤 주식을 거래해야 하는지 궁금하게 여길 것이다. 궁극적으로 당신은 상대적인 힘이 가장 큰 주식을 거래하게 되며, 지지선 및 저항선을 뚫은 주식과 추세 변화를 보여주는 주식을 거래하게 된다. 그렇지만 각 업종에서 어떤 주식을 거래할지 선택하는 법을 알면 큰 도움이 된다.

우리는 특정한 업종을 선택할 때마다 늘 그 업종에서 같은 주식들을 거래한다. 이렇게 할 때 얻는 이점은, 앞에서도 얘기했듯이, 각각의 주식을 거래하는 전담자나 시장 조성가들의 패턴과 스타일을 배울 수 있다는 점이다. 이번에도 당신은 그 주식의 거래 패턴을 배우는 경험을 통해 특정한 주식을 더 잘 거래할 수 있게 된다. 하지만 당신은 정기적으로 어떤 주식을 거래할지 어떻게 아는가?

각 업종에서 우리가 제일 먼저 보는 것은 변동성이 가장 높은 주식이다. 단기 거래인으로서 당신은 변동성을 편안히 받아들여야 한다. 하루 중에 평균적인 거래의 폭이 1포인트에 불과한 주식을 거래하며 돈을 벌기는 어려울 것이다. 그보다는 평균적인 거래의 폭이 2~3 포인트인 주식을 거래하는 것이 더 낫다.

컴퓨터 제조 업종에서 컴팩(CPQ)은 우리가 거래하지 않는 주식의 좋은 예이다. 이 주식은 대개 어느 때이건 거래일에 1포인트 이상 움직이지 않는다. 물론 특별한 소식이 있는 날은 빼고 말이다. 반면에 게이트웨이(GTW) 같은 주식은 수익을 내기가 훨씬 더 쉽다. 이 주식은 대개 하루에 적어도 2~4포인트는 움직이기 때문이다. 변동성이 1포인트에 불과한 주식보다 2~4포인트에 달하는 주식을 거래하면 수익을 내기가 훨씬 더 쉽다.

그런데 한 가지 흥미로운 점은, 일반 투자자들은 단기 거래인들과 달리 변동성을 좋아하지 않는다. 변동성은 그들이 갖고 있는 포트폴리오의 가치를 빠르게 변화시키기 때문이다. 그렇지만 변동성은 단기적인 거래를 할 때 당신의 친구이다. 그렇기 때문에 당신은 각 업종에서 변동성이 가장 높은 주식을 거래할 필요가 있다.

특정한 주식의 변동성을 측정하는 한 가지 방법은 매번 거래일마다 그 주식의 거래 폭을 보여주는 도표를 살펴보는 것이다. 인터넷의 금융 사이트에 들어가면, 주가 차트는 물론이고 여러 가지 자료를 보여주는 도표를 볼 수 있다. 당신은 그런 곳에서 (변동성의 핵심

지표인) 일간 거래의 폭, 거래량, 시가, 그리고 종가 등을 알 수 있다. 당신은 그런 도표를 내려받아서 프린트로 출력하고 분석을 할 수도 있다.

변동성 말고 우리가 또 보는 것은 시가총액과 상장가치가 가장 큰 주식이다. 이것은 거래 대상 주식의 수를 알려주는 것이다. 시가총액과 상장가치가 큰 주식을 우리는 대형주라고 부른다.

대형주를 거래할 때 가장 좋은 점은, 그런 주식은 대개 소형주보다 더 논리적이고 예측 가능한 방식으로 움직인다. 이것은 몇 가지 요인 때문에 생기는 현상이다. 우선 먼저, 대형주는 기관 투자가들의 돈이 더 많이 들어오고 나간다. 반면에 인터넷 주식들은 대개 단타 매매자들이 거래한다. 기관 투자가들의 돈이 많이 들어오고 나가는 주식은 대개 오랫동안 특정한 방향으로 움직이는 경향이 있다. 반면에 단타 매매자들이 거래하는 주식은 갑자기 돈이 들어오거나 빠져나간다. 그렇기 때문에 대형주는 매수나 매도의 기준이 되는 저항선이나 지지선의 돌파 같은 좋은 기술적 지표들이 더 잘 나타난다.

물론 어떤 주식도 정말로 논리적인 방식으로 움직인다고 얘기할 수는 없다. 하지만 우리가 볼 때 대형주는 상대적으로 더 예측 가능한 방식으로 움직이는 경향이 있다. 대형주는 어떤 날에 강세로 출발하면 장이 마감할 때까지 강세를 지속하는 경우가 더 많다. 그리고 약세로 출발할 때도 마찬가지이다.

대형주 거래의 또 다른 이점은 유동성이 부족한 주식들에 비해 사자 주문과 팔자 주문의 차이인 퍼짐(spread)이 훨씬 더 작다는 것이다. 이를테면 대형주는 1/2포인트의 퍼짐이 아니라 1/8이나 1/4 포인트의 퍼짐을 보인다. 그래서 대형주를 거래하면 더 적은 노력으로 더 좋은 가격에 주식을 사거나 팔 수가 있다.

우리가 마지막으로 보는 것은 일일 평균 거래량이 적어도 50만에서 100만 주는 되는 주식들이다. 이것이 중요한 이유는 거래량이 많으면 개별 주식들의 거래에서 흔히 나타나는 큰 덩어리 주식을 흡수하는 데 필요한 유동성이 가능하기 때문이다.

예를 들어 당신이 일일 평균 거래량이 10만 주에 불과한 주식을 거래한다면, 팔자 주문으로 5만 주의 큰 덩어리 거래가 들어올 때 어떻게 되겠는가? 대개의 경우 이런 주식은 유동성이 부족하기 때문에 주가가 크게 떨어진다. 그렇지만 당신이 일일 평균 거래량이 500만 주에 달하는 주식을 거래한다면, 팔자 주문으로 5만 주의 큰 덩어리 거래가 들어와도 주가는 큰 영향을 받지 않을 것이다. 간단하게 말해서, 유동성이 부족한 주식에서 발생하는 큰 덩어리 거래는 (종종 좋지 않은 방향으로) 주가를 출렁이게 만든다. 거래량은 아주 중요한 것이다!

따라서 특정한 업종에서 거래할 주식을 고를 때는 변동성, 거래량, 그리고 크기의 세 가지 중요한 요인들을 살펴보아야 한다. 그리고 당연히 상대적인 힘도 고려해야 한다. 상대적인 힘은 늘 우리가 가장 먼저 보는 특성이다. 이렇게 하려면 시간이 많이 걸릴 것 같지만, 당신이 각 업종에서 핵심적인 주식들에 관심을 갖는다면 어떤 주식이 거래하기에 가장 좋은 주식인지 금방 배우기 시작할 것이다. 일단 이런 주식들을 찾아내면, 그것들을 목록으로 작성해 언제든지 그 업종에서 거래할 때는 그 주식들을 거래할 수 있어야 한다.

업종의 변동성을 토대로 주식 크기를 조정하면 위험을 줄일 수 있다

앞에서 소개한 규칙들에서 이미 알게 되었듯이, 어떤 업종들은 (그 이유가 무엇이건) 다른 업종들보다 훨씬 더 큰 변동성을 보인다. 예를 들어 인터넷 주식들은 대부분의 다른 신기술 주식들보다 더 큰 변동성을 보이고, 신기술 주식들은 제약 업종의 주식들보다 더 큰 변동성을 보이며, 제약 업종의 주식들은 석유 업종의 주식들보다 더 큰 변동성을 보인다. 이것은 각 업종의 차트를 보면서 가격이 오르내리는 폭을 살펴보면 쉽게 알 수 있다. 오르건 내리건 가격의 폭이 클수록 그 업종의 변동성은 더 크다. 당신은 더 많은 거래 경험을 쌓을수록 각 업종의 변동성을 더 빨리 알 수 있게 된다.

일단 다양한 업종의 변동성을 확인한 후에는, 각 업종에서 거래하고자 하는 주식의 수를 정하는 것이 필요하다. 이렇게 정하는 주식의 수는 당신 개인적인 금전적 상황이나 위험 용인도에 따라 달라진다.

우리는 인터넷 주식을 제외한 거의 모든 업종의 주식을 한번에 500주씩 거래한다. 우리가 관찰한 바에 따르면, 대부분의 인터넷 주식은 몇분만에 몇 포인트가 오르거나 내리곤 한다. 그래서 우리는 100주의 주식만으로도 짭짤한 수익을 올릴 수 있다. 마찬가지로, 그 주식이 갑자기 우리를 배반하면, 우리는 500주가 아닌 100~200주만 보유하기 때문에 위험을 크게 줄일 수 있다.

각 업종에서 거래하는 주식의 수는 사람마다 다르다. 하지만 당신은 나름대로 기준을 정할 필요가 있다. 그래야만 변동성이 극심한 주식을 거래할 때 너무 많은 자본을 위험에 빠뜨리지 않을 수 있다.

일부 업종들의 상반되는 관계를 파악하라

앞에서도 얘기했듯이, 업종 거래는 개별 주식 거래의 위험을 최소화시키는 가장 좋은 방법의 하나이다. 당신은 상대적인 힘을 보여주는 업종을 거래하기 때문에 그렇다. 하지만 당신은 각 업종이 흔히 다른 업종과 상반되는 관계를 갖는다는 점은 모를 수도 있다. 다음에 드는 것은 업종 거래와 관련해 우리가 오랫동안 관찰한 현상의 일부이다.

석유 업종의 주식들이 오를 때마다 운송 업종의 주식들은 종종 떨어지며, 그 반대도 성립한다. 이렇게 되는 이유는 석유 가격이 높아지면 운송 주식들의 수익성은 연료비 상승 때문에 같은 비율로 낮아지기 때문이다. 신기술 주식들의 가격이 떨어질 때마다 일반적인 주식들의 가격은 높아진다. 이것은 아마 사람들이 신기술 주식들의 과도한 주가수익율에 겁을 먹고 주식을 팔 때 더 안전한 주식들로 자본을 이동시키기 때문일 것이다.

시장에는 서로 상반되는 관계를 갖는 많은 업종들이 있다. 당신은 거래를 할 때 이런 관계들을 이해하고 거래 일지에 기록할 필요가 있다. 때로는 그것이 한 업종에서 다른 업종으로 돈이 이동하기 때문에 일어난다. 돈은 늘 한 그룹에서 다른 그룹으로 순환된다. 이와 같은 각 업종간의 상반되는 관계를 이해하면, 당신은 언제 어떤 업종을 사거나 팔아야 할지를 알 수 있다. 이렇게 되면 당신의 전반적인 거래 수익은 높아지고 위험은 줄어든다.

일일 평균 거래량이 증가하는 주식을 거래하라

초보자들이 기술적 분석에서 흔히 간과하는 한 가지 중요한 요인은 일일 거래량이 꾸준히 증가하는 주식의 중요성이다. 거래량의 변화는 특정한 주식의 상대적인 힘이나 약함을 이해하는 데 도움이 되며, 단기적으로 그 주식이 다음에 어디로 가는지 알아내는데도 단서가 된다. 거래량은 해당 주식의 실상을 알려준다.

다음의 차트 10에서는 일일 거래량이 증가하는 주식의 예를 보여주고 있다. 지난 2주일 동안에 거래량을 나타내는 막대가 점점 더 높아졌음을 주목하라. 이것은 어떤 이유에서건 점점 더 많은 사람들이 이 주식을 거래한다는 증거이다. 그 다음에 당신이 보는 것은 거래량이 늘면서 주가가 높아진다는 점이다. 이것은 이 주식이 단기적으로 계속해서 주가가 오른다는 명백한 신호이다. 왜 그런가? 당신이 보는 거래량 증가의 상당 부분은 기관들의 매수 결과이기 때문이다. 이것은 당신이 이 주식을 매수해야 한다는 신호일 수 있다.

이 경우에 이 주식의 가격이 더 높아질 것이라는 사실 말고, 우리는 이 차트에서 또 무엇을 배울 수 있을까? 우리는 이 점을 배울 수 있다. 즉, 이 주식은 평균적인 거래량이 늘면서 가격도 상승했기 때문에 정말로 강한 주식인 것이다. 때로 어떤 주식은 평균적인 일일 거래량을 보이면서 가격만 높아지곤 한다. 이것이 반드시 나쁜 것은 아니지만, 거래량이 평균에 불과할 때는 새로운 매수세가 유입될 것인지, 아니면 그냥 무언가 다른 요인 때문에 가격만 높아진 것인지 알 수가 없다.

그 다음의 차트 11에서는 일일 평균 거래량을 늘지만 주가는 하락하는 것을 볼 수 있다. 이것은 거래량과 가격이 동시에 높아지는 앞의 예와 다른 것이다. 점점 더 많은 사람들이 주식을 사는 앞의 예와는 달리, 이 경우에는 점점 더 많은 사람들이 주식을 팔고 있다. 이것도 일부 기관들이 포지션을 줄인다는 단서가 될 수 있다. 이 경우에 당신은 공매도를 하거나 아예 거래를 하지 않는 것이 좋다.

평균보다 높은 거래량 속에서 사람들이 주식을 판다는 것은 어떤 이유에서건 많은 사람들이 매물을 내놓고 있다는 뜻이다. 이것은 적은 거래량 속에서 주가가 떨어지는 경우와 다른 경우이다. 적은

차트 10 : 가격과 거래량의 동반 상승

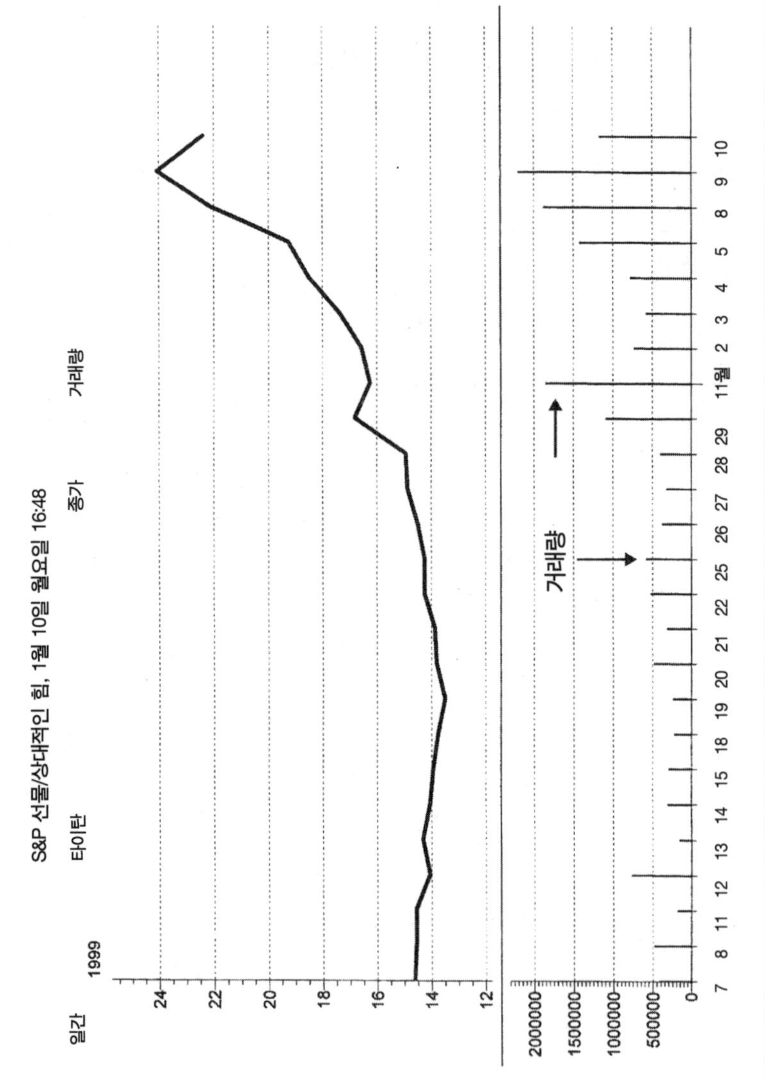

차트 11 : 높은 거래량과 낮은 가격

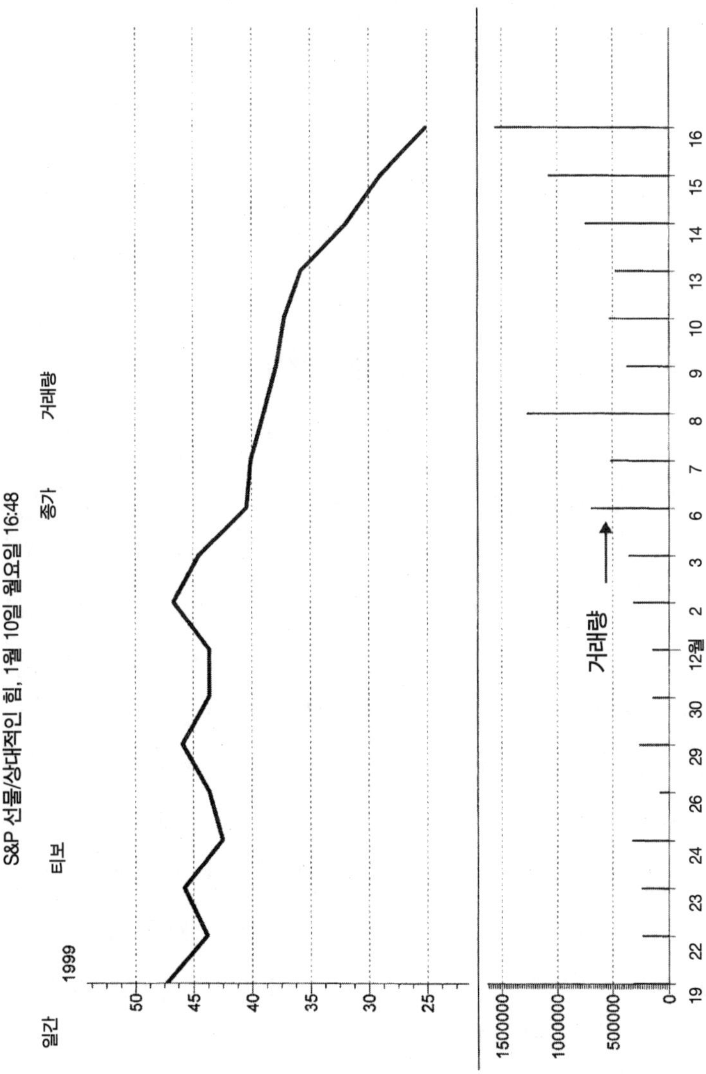

거래량 속에서 주가가 떨어지는 것은 단순히 일부 수익 실현이 있음을 보여주는 것이다. 반면에 높은 거래량 속에서 매물이 쏟아지는 것은 그 주식에 무언가 잘못이 있다는 뜻이고, 거래량이 높은 동안에는 계속해서 주가가 낮아지곤 한다.

이번에도 중요한 것은 각 업종에서 평균 거래량이 높은 주식을 사거나 공매도하는 것이다.

강할 때 팔고, 약할 때 사라

우리는 초보 거래인이었을 때 늘 잘못된 시점에 거래를 하는 것 같았다. 우리는 팔아야 할 때마다 사고, 사야 할 때마다 팔고 있었다. 하지만 우리의 많은 동료 거래인들은 똑같은 주식을 갖고도 짭짤한 수익을 올리고 있었다. 그래서 우리는 잘못된 시점에 거래하고 있음을 알 수 있었다. 우리는 기껏해야 본전을 찾거나 손해를 보고 있는 것 같았다. 같은 주식으로 수익을 올리는 친구들도 있었기 때문에, 우리가 거래하는 주식이 반드시 잘못된 주식이라고 말할 수는 없었다. 단지 우리의 거래는 타이밍이 잘못되었을 뿐이었다.

올바른 타이밍을 정확하게 포착하는 데는 오랫동안의 경험이 필요하다. 하지만 당신이 두어 가지 일반적인 규칙을 따를 때 올바른 타이밍 포착에 큰 도움이 된다.

첫번째 규칙은 반등시에 주식을 파는 것이다. 많은 거래인들은 오히려 팔아야 할 반등시에 주식을 사곤 한다. 반등시에 주식을 사면 특정한 주식의 반등이 정확하게 언제 끝날지 알 수 없기 때문에, 당신이 산 주식의 가격이 떨어져 당신에게 손실을 입히는 위험이 발생한다. 이것을 흔히 추격 매수라고 부른다. 어떤 주식을 추격 매수할 때 당신은 대개 하루 중에서 주가가 가장 높을 때 그 주식을 사게 되고, 그때부터 주가는 떨어지기 시작한다. 이런 일이 벌어지면 당신은 겁을 먹고 빨리 주식을 팔기 위해 이번에는 추격 매도를 한다.

주식을 처분하는 보다 효과적이고 수익적인 방법은 강할 때 사는 것이 아니라 강할 때 파는 것이다. 강할 때 주식을 팔면 당신은 원하는 가격에, 때로는 그보다 더 좋은 가격에 쉽게 주식을 처분하는 이점을 누린다. 우리는 그동안 사람들이 서로 주식을 사려고 다투는 동안에 우리가 정한 가격보다 더 좋은 가격에 주식을 판 경험이 있다. 다른 사람들이 주식을 사기 위해 너도 나도 주문을 넣는 동안, 우리는 주식을 팔기 위해 서둘러 매도 주문을 내곤 한다. 추격 매수를 하며 주식을 사는 사람들은 대개 하루 중에 가격이 가장 높을 때 주식을 매수한다. 만일 당신이 특정한 주식을 제대로 거래했다면, 당신은 가격이 오르기 전에 이미 그 주식을 갖고 있어야 한다. 그러면 당신이 가격이 오르기 시작할 때 그 주식을 팔아 짭짤한 수익을 올릴 수 있다. 현명한 거래인은 대개 다른 사람들이 알아내기 전에 주식을 사곤 한다.

반등시에 주식을 팔 때 당신에게 종종 일어나는 일 한 가지는 일단 주식을 판 후에 그 주식의 가격이 계속해서 올라가는 것이다. 이것은 당연히 예상할 수 있는 일이다. 특정한 주식이 언제 천장을 때리고 다시 내려올지 정확하게 아는 것은 사실상 불가능한 일이기 때문이다. 하지만 그렇다고 걱정할 필요는 없다. 당신이 수익을 내기만 하면 문제될 것은 전혀 없다. 당신이 주식을 팔았는데 주가가 다시 4포인트 더 올랐다고 자신을 책망할 필요는 없다. 그와 반대되는 상황도 쉽게 일어날 수 있는 것이다. 당신은 수익을 내기만 하면 절대로 돈을 잃지 않는다. 즐거운 마음으로 수익을 챙겨라.

반등시에 주식을 사는 것이 중요한 것처럼, 당신은 또 가격이 급락할 때 주식을 팔아서는 안 된다. 어떤 주식이 강하고 상대적인 힘이 있는데 단지 일부의 수익 실현 때문에 주가가 떨어지고 있다면, 그럴 때 당신은 주식을 팔 것이 아니라 오히려 더 유리하게 주식을 살 수도 있다. 그렇게 하면 당신은 더 낮은 가격에 주식을 보유해서 나중에 다시 가격이 반등할 때 더 높은 수익을 올릴 수도 있다.

일반적으로 말해서, 당신은 대다수의 거래인들이 하는 것과 정반대의 일을 해야 한다. 대다수의 사람들이 살 때 당신은 팔아야 하고, 그 반대도 성립한다. 이것은 약간 이상하게 들릴 수도 있지만, 당신은 청개구리의 마음을 가져야 한다. 그렇게 하면 위험은 줄어들고 수익은 늘어난다.

바닥 매수를 하지 말라

바닥 매수(bottom-fishing)는 어떤 주식이 이전의 고점보다 훨씬 더 낮아서 싼 가격으로 사면 높은 수익을 내고 팔 수 있다는 이유만으로 그 주식을 사는 것이다. 바닥 매수의 예를 보기로 하자.

가령 배드보이(BAD)란 가상의 주식이 있어서 일년 전에 89달러 이상으로 팔렸다고 가정해 보자. 그때 이후 이 주식은 실적이 좋지 않고 많은 악재가 터져나왔다. 그래서 이 주식은 현재 주당 13달러의 최저가에 팔리고 있다. 당신은 "이보다 더 내려갈 순 없다"고 생각하면서, 단지 이 주식이 바닥을 쳤다는 짐작만으로 주당 13달러의 가격에 주식을 매수한다. 이것이 바닥 매수이다.

당신은 언제 바닥 매수를 하고 있는지 어떻게 아는가? 바닥 매수를 확인하는 가장 쉬운 방법은 당신이 어떤 주식의 차트를 볼 때이다. 이 주식이 지난 며칠, 몇주, 혹은 몇달 동안 계속해서 가격이 떨어졌다면, 당신이 순전히 이 주식의 가격이 낮다는 이유만으로 주식을 매입할 때 바닥 매수를 하는 것이다.

바닥 매수의 문제점은 어디가 바닥인지 아무도 알 수 없다는 것이다. 박살이 난 후에도 주가는 회복되지 못할 수 있다. 제니스(Zenith)의 주식을 예로 들어보자. 많은 투자가들은 이 회사의 고화상도 TV가 이 회사를 살릴 것이라고 기대했다. 하지만 제니스는 자금 부족과 많은 빚에 시달리다가 결국 파산하고 말았다.

가격이 낮은 주식에는 이유가 있다. 그래서 사람들은 싼 주식을 사지 않고 내다 판다.

마찬가지로, 가격이 높은 주식에도 그럴 만한 이유가 있다. 사람들은 대개 그런 주식을 사들인다. 그렇기 때문에 일부 가장 좋은 주식들은 가장 비싼 주식이기도 하다.

이런 개념을 설명하는 좋은 예는 떨어지는 칼을 잡으려는 비유이다. 테이블에서 칼이 떨어질 때, 그 칼의 손잡이를 잡으려는 것은 가능하긴 해도 아주 위험한 일이다. 보다 안전한 전략은 칼이 땅에 떨어질 때까지 접촉을 피하는 것이다. 당신이 어떤 주식을 아주 낮은 가격에 샀기 때문에 반드시 주가가 다시 오를 것이라고 기대하는 우를 범하지 말라. 그런 주식은 종종 더 낮은 가격으로 떨어진다. 이 간단한 교훈을 알면 당신은 위험을 크게 줄일 수 있다.

그러나 바닥 매수도 좋은 거래일 수 있는 한 가지 예외가 있다. 그러니까 그 주식이 상대적인 힘을 보일 때이다. 시장은 박살나고 있는데 그 주식은 오르거나 적어도 보합을 유지한다면, 이럴 때는 바닥 매수도 좋은 거래가 될 수 있다. 다만 그 주식이 평균보다 높은 거래량 속에서 상대적인 힘을 보이는지를 확인하라. 만일 그 주식이 전체 시장이나 업종에 비해서 상대적인 힘을 보인다면, 시장이 반전되어 다시 반등을 시도할 때 주가는 훨씬 더 높아질 수 있다.

절제심을 가져라

만일 당신이 상당한 기간 동안 주식을 거래했다면, 많은 사람들이 절제심에 대해 얘기하는 것을 틀림없이 들었을 것이다. 사실 세상에서 제일가는 프로 거래인들 중에서 많은 이들은 절제심이야말로 거래인으로서 성공하는 데 가장 중요한 것이라고 얘기할 것이다.

그리고 우리도 그렇게 생각한다. 사실 절제심은 거래인으로서 당신의 성공을 결정하는 데 가장 중요한 요인이다. 예를 하나 들어보자.

당신은 어떤 주식을 25달러의 가격으로 사서 3포인트의 수익을 올리려 한다. 그리고 이 주식은 28달러까지 상승한다. 하지만 당신은 수익을 챙기는 대신에 욕심을 내서 더 오래 주식을 보유한다. 그러다가 주가는 갑자기 반전되어 25달러 밑으로 떨어진다. 그래서 당신은 목표를 달성하는 대신 손해를 보고 만다. 이것은 잘못된 돈 관리의 예이다. 당신은 절제심을 잃고 일간 수익 목표를 고수하지 못했다. 당신은 욕심 때문에 손해를 보고 말았다. 절제심을 발휘해 수익이 나왔을 때 주식을 팔았다면 그런 일은 일어나지 않았을 것이다.

절제심을 갖는다는 것은 손절매를 해야 할 때 손절매를 하고, 수익을 실현해야 할 때 수익을 실현하는 것이다. 하지만 절제심은 또 규칙들을 지키는 것도 의미한다. 이런 규칙들은 당신의 거래 전략의 기본으로서 당신에게 수익을 가져다준다. 하지만 이런 규칙들은 반드시 지킬 때만 효험이 있다. 규칙들을 반드시 지킨다는 것은 쉬운 말인 것 같지만, 많은 사람들은 그렇게 하는 데 필요한 절제심을 발휘하지 못한다.

당신은 절대로 시장을 앞설 수가 없다

"당신은 절대로 시장을 앞설 수가 없다." 이 말은 정확하게 무슨 뜻인가? 어쨌거나 당신에게는 그 모든 경험과 배움이 있지 않은가? 물론 그렇다. 하지만 시장은 상관하지 않는다. 시장은 역동적이며, 오늘 효력이 있는 것도 내일은 효력이 없을 수가 있다. 당신이 아무리 분석을 잘하고 현명하게 거래해도 꼭 수익이 난다는 보장은 없다. 우리가 할 수 있는 최선은 평균의 법칙을 유리하게 활용하고 통계적으로 입증된 방법을 사용해 수익을 올리는 것이다. 하지만 모든 규칙에는 늘 예외가 있음을 명심해야 한다.

당신은 시장과 싸우면서 시장을 앞서가려 할 때 손해를 보기 쉽다. 그것은 분명한 사실이다. 시장은 변하게 마련이다. 그리고 시장이 변할 때, 당신은 변화를 받아들이고 시장에 따라가야 한다. 그렇지 않고 시장에 맞서 싸우면 망하게 된다.

반드시 차트를 분석한 후에 거래를 하라

우리는 처음 주식을 거래하기 시작했을 때 친구나 언론이 얘기하는 특정한 주식의 움직임에 대해 쉽게 흥분하곤 했다. 우리는 즉시 밖에 나가 그들이 얘기하는 모든 주식을 사려 했다. 우리는 다음과 같은 얘기들을 들었다. "다음 달에는 IBM이 아주 멋진 주식이 될 것이다." 혹은 "조만간에 야후가 기록할 그 멋진 반등을 어떻게 놓친단 말인가." 그런 얘기를 듣고 우리는 즉시 컴퓨터로 달려가 주가를 보면서 주식을 사려 했다. 어찌 보면 이것은 너무나 단순한 행동이었지만, 어쨌든 우리는 그렇게 하곤 했다. 우리는 다른 사람들의 말을 듣고 흥분해 논리적으로 생각하지 못했다.

때로는 이런 식으로 주식을 거래해도 수익을 올릴 수 있다. 하지만 여기서의 목표는 위험을 극소화하면서 수익을 극대화하는 것이다. 운이 좋으면 수익을 올릴 수도 있지만, 당신이 안는 위험은 너무 크다. 우리가 볼 때, 단순히 누군가의 얘기를 듣고 주식을 거래하는 것은 도박과 다를 바가 없다. 그리고 우리가 원하는 것은 도박이 아니다. 우리가 원하는 것은 통계적으로 입증된 방법을 사용해 수익을 올리는 것이다.

따라서 반드시 차트를 분석한 후에 거래를 시도하는 것은 기본적인 자세이다. 이렇게 하면 기술적 지표들이 좋은 주식을 거래할 수 있다. 그렇게 하면 또 누군가의 얘기에만 의존해 주식을 거래하지 않기 때문에 위험은 크게 줄어든다.

대개 우리는 거래를 원하는 어떤 주식을 빨리 분석하고 싶을 때 90일짜리 주가 차트를 보면서 가격, 13일 이동 평균, 50일 이동 평균, 그리고 거래량을 파악한다. 이동 평균과 거래량의 변화를 보면서 우리는 그 주식의 힘이나 약함을 알아낸다. 당신은 차트 분석에 더 많은 경험을 쌓으면서, 다른 사람이 추천하는 특정한 주식의 거래에 더 편안함을 느끼게 된다.

우리는 초창기에 어떤 주식을 사거나 판 후에 그 주식의 차트를 보곤 했다. 그리고 별로 좋지 않은 거래를 했음을 안 후에 다시 주식을 팔아 손해를 보곤 했다. 그때 만일 차트를 먼저 본 후에 주식을 거래했다면 우리는 많은 손실을 피할 수 있었을 것이다. 따라서 즉흥적으로 거래를 하지 말라. 늘 적어도 차트를 분석한 후에 주식을 거래하라.

긍정적인 자세를 가져라

우리가 거래인으로서 거둔 성공을 사람들과 얘기할 때, 사람들은 종종 우리가 얼마나 긍정적인지를 얘기한다. 우리의 친구들 가운데는 우리가 너무나 좋은 일이 있기 때문에 그렇게 긍정적이고 낙관적이라고 얘기하는 사람들도 있다. 하지만 우리는 늘 긍정적인 자세를 갖기 위해 애를 쓴다.

긍정적인 자세는 우리가 주식을 거래하기 전부터 애써 배우려고 했던 것이다. 긍정적인 자세는 그후 우리가 다양한 일자리를 거치는 동안 늘 우리 곁에 있었고, 주식을 거래하는 지금도 우리 곁에 있다. 그리고 우리는 그와 같은 자세 때문에 성공했다고 말하는 데 주저하지 않는다.

긍정적인 자세와 관련해 재미있는 점은 사람들은 종종 이렇게 얘기한다. "물론 당신은 그렇게 성공적인 거래를 하니까 기분이 좋고 긍정적인 자세를 유지하겠죠." 다시 말해, 대부분의 사람들은 우리가 성공했기 때문에 기분이 좋고 긍정적인 것이라고 생각한다. 하지만 사실은 정반대이다. 우리는 긍정적인 자세를 유지하기 때문에 성공하는 것이다.

성공적인 거래인이 되는 데 있어서 긍정적인 자세는 몇 가지 이유 때문에 아주 중요하다. 첫째, 당신이 손해를 보는 동안에도 긍정적인 자세는 수익적인 거래를 하는데 집중하도록 해준다. 이와 같은 집중력은 다시 힘을 얻어 수익적인 거래를 하는 데 필수적인 요인이다. 긍정적인 자세가 없을 때 당신은 실패의 악순환에 빠진다. 다시 말해, 당신은 부정적인 자세 때문에 집중력을 잃게 되고, 그러면 더 많은 손해를 보게 되고, 그러면 당신의 자세는 한층 더 부정적이 된다. 이처럼 긍정적인 자세가 없으면 당신은 망가지고 상처를 입게 된다.

긍정적인 자세가 중요한 또 한 가지 이유는, 그러면 손해를 보더라도 집중력을 잃지 않고 목표 수익을 달성하는 데 도움이 된다. 긍정적인 자세는 당신에게 힘과 용기를 주어 가장 힘든 시장 상황에서도 거래를 계속하도록 돕는다. 상황이 어렵다고 포기하면 당신은 절대로 성공적인 거래인이 될 수 없다.

당신의 능력에 자신을 가져라

자신감은 긍정적인 자세만큼이나 중요한 것이다. 자신감은 당신이 필요한 행동을 하도록 도와준다. 적절한 주식을 고르고 수익적인 거래를 하는 데 있어서 자신감이 없으면, 주문을 내는 등의 필요한 행동을 제대로 할 수 없다.

당신이 아직 수익을 내는 거래인이 아니라면 자신감을 갖는 것은 다소 어려운 일일 수도 있다. 하지만 그렇다 해도 당신은 무엇보다 먼저 자신감을 가질 필요가 있다. 그래야만 확신을 갖고 수익을 내는 거래인들에게 배울 수 있기 때문이다. 그렇게 점점 더 기술이 늘면 당신의 성공 가능성도 높아진다.

뒤를 좇지 말고 앞서 가라

만일 당신이 단기 거래인들의 인터넷 채팅룸에 들어가 봤다면, 분명히 그곳에서 채팅룸의 리더를 좇기만 하는 많은 사람들을 보았을 것이다. 물론 이것도 리더가 훌륭하고 당신에게 운이 따르기만 한다면 수익을 내는 방법이다. 하지만 그런 식으로는 꾸준하게 지속적인 수익을 낼 수가 없다.

채팅룸에 있건 객장에 있건, 뒤를 좇는 사람에게는 몇 가지 문제가 따른다. 우선 먼저, 당신이 추종하는 그 사람이 반드시 당신에게 가장 유리한 방식으로 행동하는 것은 아니다. 예를 들어 그 사람은 자신이 팔고자 하는 주식을 추천할 수도 있다. 그 결과 당신은 그들이 팔려는 주식을 사고, 그들이 사려는 주식을 팔게 된다.

당신의 목표는 앞서 가는 사람이 되어 스스로 수익적인 거래의 방법을 배우는 것이다. 당신이 원하는 것은 다른 사람들에게 의존하는 것이 아니다. 당신은 스스로 거래에 필요한 기술을 익힐 때 훨씬 더 안정적으로 미래의 성공적인 거래인이 될 수 있다.

뒤를 좇는 사람이 아니라 앞서 가는 사람이 될 때, 당신은 종종 다른 사람들이 보지 못하는 기회를 포착할 수도 있다. 주가가 움직이기 전에 미리 앞서 감으로써, 당신은 남의 뒤를 좇는 사람들보다 훨씬 더 많은 수익을 낼 수 있다.

다른 거래인들의 습관을 연구하라

성공적인 거래인이 되기 위해서는 주위를 돌아보며 다른 거래인들, 특히 수익을 내는 거래인들의 습관과 기법을 연구하는 것보다 더 나은 비결이 없다고 해도 과언이 아니다. 대부분의 일반 투자가들은 성공적인 거래인들이 실제로 주식을 거래하는 것을 볼 기회가 거의 없다. 그래서 이 책에서는 업계에서 가장 성공적인 일부 단기 거래인들과의 인터뷰를 실었다. 이 부분을 읽어보면 보다 성공적인 거래인이 되는 데 많은 도움을 얻을 수 있다.

그리고 당신은 손해를 보는 거래인들의 습관도 연구해야 한다. 다른 거래인들의 실수를 분석하면 많은 것을 배울 수 있기 때문이다. 당신이 아는 사람 중에 계속해서 손해를 보는 거래인이 있다면, 왜 그 사람이 손해를 보는지 알아내려 애써라. 그러면 당신도 같은 실수를 반복하지 않을 수 있다.

뮤추얼 펀드에 롱텀 데이트레이딩을 활용

이 책에서 소개하는 단기적인 전략들은 기본적으로 주식을 거래하는 데 적용되는 것이다. 하지만 이와 같은 롱텀 데이트레이딩(장기적인 단타 매매)은 철학은 당신의 뮤추얼 펀드에도 적용시킬 수 있다.

우리가 아는 사람들 중에는 자신들의 뮤추얼 펀드에 장기 및 단기 전략들을 혼용해 큰 성공을 거두고 있다. 그 사람들은 일반적으로 포트폴리오의 절반을 인덱스 펀드에 투자하고, 나머지 절반은 좋은 단기 거래 전략들을 사용해 다양한 펀드에 투자한다. 그렇게 하는 것은 쉽고, 일리가 있고, 무엇보다 수익을 내는 투자 기법이다. 그렇다고 당신에게 뮤추얼 펀드를 단타 매매하라는 얘기는 아니다. 사실 대부분의 뮤추얼 펀드 회사들은 당신이 단기적인 거래 전술을 사용할 때 벌칙을 부과한다. 그러나 당신이 그런 회사들의 규칙을 어기지 않으면서 장기 및 단기 전술을 편안하게 결합시킬 수 있는 길은 있다. 몇몇 뮤추얼 펀드 회사들은 다른 회사들보다 단기적인 거래 전술에 더 개방적임을 유념하라.

요컨대, 상상력만 동원한다면 거의 모든 투자에 '롱텀 데이트레이딩' 전략을 사용할 수 있다. 당신이 부동산, 채권, 그리고 주식에 장기적인 전략과 단기적인 전략을 모두 사용해 얼마나 많은 성과를 올릴 수 있는지 누가 알겠는가? 그것을 제한하는 것은 당신의 상상력과 창의력뿐이다.

3

성공적인 단기 거래인들과의 인터뷰

Interviews with Successful Short-Term Traders

Interviews with Successful Short-Term Traders

마크 쿡
Mark Cook

마크 D. 쿡은 24년 동안 거래인(trader)으로 일했고, 오하이오 이스트 스파르타에 있는 그의 가족의 1870년대 농가에서 거래를 한다. 마크 쿡은 '쿡 누적 틱' 지표를 개발했으며, 무려 563.8%의 수익으로 1992년 '미국 투자 경연'에서 우승의 영광을 안았다. 쿡은 자신이 하는 거래 활동 외에, 전세계의 거래인들을 위한 워크숍과 세미나를 하면서 그들에게 최상의 거래 기법을 가르치고 있다.

마이클 신시어 : 처음에 어떻게 단타 매매를 시작하게 되었는가?

마크 쿡 : 나는 24년 동안 거래를 하고 있다. 내가 처음 시작한 것은 1970년대였다. 그때 나는 포지션 거래, 그러니까 6주에서 8주 동안의 거래를 했다. 나는 또 옵션 거래도 했다. 내가 처음 시작했을 때는 24개의 주식에만 풋 옵션이 가능했고, 지수 같은 것은 없었다. 그래서 나는 개별 주식 옵션밖에 할 수 없었다. 시간이 지나면서 나는 점점 더 짧은 단타 거래를 했다.

신시어 : 그렇다면 당신은 단타 매매가 알려지기 상당히 오래 전부

터 한 것이 아닌가?

쿡 : 그렇다. 나는 늘 남들이 하지 않는 거래를 했다. 사람들은 내가 망할 것이라고 생각했다. 나는 어디를 가나 소외감을 느꼈다. 80년대 초에 단타 매매는 인식이 아주 나빴다. 단타 매매자는 연쇄살인범보다 더 나쁜 사람으로 생각되었을 정도였다. 이제 나는 전국에서 세미나를 하며 사람들에게 단타 매매를 가르친다. 이제는 그동안 고생한 보람이 있는 것 같다.

신시어 : 당신은 스스로 스윙(swing) 거래인이라고 생각하는가?

쿡 : 아니다. 나는 당신이 말하는 스캘퍼(scalper)이다. 하지만 처음에는 스윙 거래를 통해서 배웠다. 내가 한 대부분의 거래는 2주 정도 걸리는 것이었다. 그렇지만 나는 내가 한 거래들을 연구한 결과, 3일짜리 거래에서 대부분의 수익을 올렸음을 알게 되었다. 거래 기간이 3일이 넘은 경우에는 대체로 수익이 좋지 않았다. 그래서 나는 거래 간격을 좁혀야 한다고 생각했다. 이제 나는 일주일이 넘는 거래는 잘 하지 않는다. 나는 성공 가능성이 75%는 되어야만 거래를 한다. 나는 지표들을 보면서 성공 확률이 3/4보다 크다고 느끼면 거래를 한다.

신시어 : 당신은 하루에 몇번의 거래를 하는가?

쿡 : 나는 일년에 2만~3만 건의 계약을 하는 것 같다. 나는 하루에 3회에서 11회 정도의 거래를 하며, 평균적으로 한달에 17~18일 동안 거래를 한다.

신시어 : 그것은 적지 않은 거래이다. 당신의 하루 일과를 얘기해줄 수 있는가?

쿡 : 매일같이 나는 내가 말하는 일일 의식을 갖는다. 나는 상승일, 하락일, 혹은 횡보일의 확률이 얼마나 될지 결정한다. 그런 후에 나는 어떤 확률이 가장 높은지 측정하고 그 방향으로 거래를 한다. 나는 내가 생각하는 여건에 맞게 분석하고 계획을 세우며, 그런 후에 그 방향으로 거래를 한다. 나는 사람들이 먹혀들지 않는다고 얘기하는 그런 종류의 거래를 한다!

신시어 : 통계적으로 95%의 단타 매매는 돈을 벌지 못하는데 당신은 꾸준히 수익을 올린단 말인가?

쿡 : 그렇다. 사실 한번은 내가 캘리포니아에서 열린 세미나에 갔을 때, 어떤 사람이 연단에서 일어나 탁자를 두드리며 이렇게 얘기했다. "단타 매매로는 절대로 돈을 벌지 못해! 절대로!" 마침내 내가 소리를 질렀다. "그렇다면 나는 15년 동안 거짓말을 하며 살았군요! 내 거래 계좌는 분명히 커졌으니까 말입니다!"

신시어 : 당신의 실적은 얼마나 지속적되었는가?

쿡 : 지금까지 나는 평균적으로 85~95%의 성공을 거두었다. 나는 최근에 내 실적을 분석했다. 나는 45개월 동안 87% 이상의 성공을 거두었다. 나는 699일 동안 거래를 했는데 그중에서 601일은 돈을 벌었다. 나는 하루에 평균 2400달러의 수익을 올렸다. 이것은 많은 수익이 아닌 것 같지만, 손해를 본 날들까지 감안하면 적지 않은 수익이다. 한번은 82일 동안 연속해서 한번도 손해를 보지 않았다. 그리고 얼마 후에 다시 50일 이상이나 계속해서 따기만 했다. 리듬이 맞을 때는 신나게 돈을 번다. 그러다가 갑자기 리듬이 끊어지면서 3~4일 연속해서 손해를 보고, 그리고 2주일 정도 혹은 한달 동안 얻은 수익을 모두 날리곤 한다.

신시어 : 당신은 왜 그렇게 성공을 했다고 생각하는가?

쿡 : 나는 아주 열심히 일하는 사람이다. 나는 시장을 좋아하며 시장을 분석한다. 나는 이 일을 20년도 넘게 했다. 나는 아주 숙련된 사람이다. 나는 시장의 숨겨진 압박과 숨겨진 사자 및 팔자세를 알 수 있다. 그리고 나는 열심히 분석한다. 나는 스스로 거래 노동자라고 생각한다. 나는 매일같이 시장에 들어가 열심히 일을 하고, 그 대가로 임금을 받는다. 나는 개처럼 일한다. 나는 약간의 소득을 얻으면 즉시 달려간다.

신시어 : 당신은 늘 성공했는가?

쿡 : 그렇지 않다. 나는 처음에 거래를 시작한 5년 동안 매년 돈을 잃었다. 나는 도대체 무엇을 하고 있는지 알 수가 없었다. 한때는 겨우 모은 약간의 돈마저 잃었지만, 어쨌든 생계는 유지할 수 있었다. 그러다가 마침내, 한 3년 정도 그렇게 한 후에, 불이 반짝 들어오면서 수익을 내기 시작했다. 나는 린다 라쉬케의 다음과 같은 말을 신봉한다. "계속해서 거래를 하면 언젠가는 돈을 번다." 나는 그 말을 믿는다. 계속해서 거래를 하면 시장의 리듬에 맞출 수 있다.

신시어 : 당신은 돈을 잃었던 그 5년 동안에 어떻게 긍정적인 자세를 유지했는가?

쿡 : 나는 그랬다고 말할 수가 없다. 누군가 내 돈을 가져갔고 나는 돌려받고 싶었다. 나는 그렇게 하기 위해 안달을 했다. 나는 누군가 나보다 더 영리하다는 사실을, 누군가 나보다 더 많은 배짱과 결단력이 있음을 인정하기 싫었다. 그래서 나는 연구하고 또 연구했다. 그 전까지 나는 무엇이든 노력만 쓰면 성공을 하곤 했었다. 그래서 나는 내게 닥친 상황을 이해할 수 없었다. 나는 정말로 나쁜 상황에 처해 있었다. 누군가 나에게 투자를 맡겼다면, 그 사람은 나를 해고했을 것이다. 하지만 그것은 내 돈이었고 나는 자신을 해고할 수 없었다. 그리고 나는 포기할 수 없었다. 나는 죽어라고 노력하면 결국에는 해낼 수 있다고 믿었다.

신시어 : 그러니까 당신은 단타 매매자가 되려면 손실도 다룰 줄 알아야 한다고 말하는 것이다. 당신은 그것을 가르칠 수 있는가?

쿡 : 아주 좋은 질문이다. 그렇게 하려고 애써야 한다. 문제는 "당신은 따기 전에 잃을 준비가 되어 있는가?"하는 점이다. 누구든지 무언가에서, 특히 거래에서 성공을 거둔 사람이면 끔찍한 상처가 있다. 우리 모두 아픈 기억들을 갖고 있다. 그것은 우리의 과거이고 미래가 될 수도 있지만, 우리는 그런 상황을 다루면서 포기하지 않는 법을 배워야 한다.

신시어 : 내가 볼 때 대부분 사람들은 5년 동안 계속해서 손해를 보았다면 포기했을 것이다.

쿡 : 나는 돈을 잃을 때마다 아주 열심히 일하는 사람이다. 내가 볼 때 나는 위기에 처할 때 가장 강하고 모든 것이 좋을 때 가장 약한 사람이다. 나는 위기에 처해 상처를 입고 뒤로 물러설 때 분연히 일어나 맞서 싸우기 때문에 기필코 승리한다. 나는 오히려 승리를 거둔 후에 기운이 빠지는 경향이 있다. 사실 나는 내년에 한번도 손해를 보지 않고 30일 동안 계속해서 수익을 내면 일주일 동안 쉴 생각이다. 왜 그럴까? 이길 때는 자신이 불패라고 자만하기 때문이다. 그래서 우리는 휴식을 취하면서 자신을 돌아볼 필요가 있다.

신시어 : 당신은 왜 그렇게 많은 사람들이 단타 매매에서 실패한다

고 보는가?

쿡 : 사람들은 너무 빨리 너무 많은 돈을 벌려 한다. 그들은 욕심에 사로잡히는데, 욕심은 주식 거래에 좋지 않은 것이다. 욕심이 앞서면 판단력을 잃고 감정적으로 반응한다. 나는 사람들에게 늘 이렇게 말한다. 첫번째 거래에서는 당신이 손해를 보았으면 좋겠다. 그래야만 실패를 다루는 법을 배울 수 있기 때문이다. 처음 5년 동안 나는 87%의 이기는 거래를 했음에도 불구하고 손해를 보았다. 많은 사람들에게 단타 매매는 일종의 유행 같은 것이다. 막 시작한 젊은 거래인들은 홈런보다 안타를 치라는 교훈을 가슴 깊이 새겨야 한다. 단번에 큰돈을 벌기보다 꾸준히 수익을 올리는 것이 필요하다.

신시어 : "홈런보다 안타를 치라"는 말은 무슨 뜻인가?

쿡 : 단타 매매에서는 홈런을 노리기보다 자주 안타를 쳐야 한다. 욕심을 내지 말아야 하고 단번에 큰 부자가 되려 하지 말아야 한다. 겨우 2달러의 자본으로 100달러의 수익을 올리는 것은 복권에 당첨되는 것만큼이나 어려운 일이다. 나는 그동안 수백만 달러를 벌었지만, 그것은 하루에 몇천 달러씩을 벌어서 된 것이었다. 하지만 나는 그것을 꾸준하게 지속적으로 한다. 따라서 단번에 홈런을 치려는 생각은 버려야 한다. 그냥 안타만을 쳐도 시간이 지나면 큰돈을 벌 수 있다.

신시어 : 하지만 당신은 어떻게 욕심을 부리지 않을 수 있는가?

쿡 : 우리 할머니와 할아버지는 농사를 지으셨다. 한번은 내가 어렸을 때 할머니에게 이번 달에는 어땠느냐고 물었다. 할머니는 그렇게 좋지는 않다고 얘기하면서, 한달 내내 90달러밖에 벌지 못했다고 말씀하셨다. 그런데 나는 이제 단 한번의 거래로 125달러를 벌 수 있다. 우리 할머니는 한달 내내 뼈빠지도록 일해서 겨우 90달러밖에 벌지 못했다! 그래서 나는 이렇게 생각한다. 왜 내가 그것에 만족하지 못하는가? 많은 사람들은 욕심에 사로잡히는 문제를 갖고 있다. 그들은 얼마나 많은 사람들이 뼈빠지게 일해야만 그런 돈을 만질 수 있는지 잊곤 한다.

신시어 : 단타 매매자로서 성공하기 위해 가장 중요한 점은 무엇이라고 생각하는가?

쿡 : 가장 중요한 것을 하나 들라면, 군중과 함께 가는 사람이 되기보다 경쟁자가 되는 것이 좋다고 얘기하고 싶다. 공격적이 되지 못하면 성공을 거두기가 어렵다. 무엇이든 경쟁적인 상황에 처한 사람을 보면, 그들에게는 활력이 넘치고 에너지가 있다. 그래서 그것을 올바른 방향으로 쏟아붓고 앞으로 나아가기만 하면 된다.

신시어 : 좋은 거래인이 되려면 얼마나 오랜 시간이 필요하다고 보는가?

쿡 : 어떤 사람들은 나에게 와서 6개월만에 돈을 벌고 싶다고 말한다. 그러면 나는 잊어버리라고 대답한다. 당신은 의사가 되고 싶을 때 강의 첫날 교실에 들어가 이렇게 말할 수가 없다. "나에게 졸업장을 주시오. 나는 내과 전문의가 되고 싶소." 거래를 하면 내과 전문의나 그밖에 야구 혹은 축구 선수가 아닌 프로들보다 더 많은 돈을 벌 수도 있다. 하지만 당신은 숙제를 해야 한다. 나는 사람들에게 3년에서 5년은 필요하다고 얘기한다. 그것은 수업료와 비슷한 것이고 손실은 수업료이다. 당신은 정신적인 능력이 있고 투지와 끈기만 보인다면 지금부터 5년 후에 수익을 낼 수 있다. 그러나 대부분의 사람들은 너무 서두른다. 그들은 끈기를 가져야만 성공할 수 있음을 알아야 한다. 유능한 거래인이 되려면 기술뿐 아니라 투지와 인내심도 있어야 한다.

신시어 : 심리학은 거래에서 중요한 역할을 수행하는 것 같은데, 정말로 그런가?

쿡 : 경험이 많고 능숙한 거래인일수록 심리학의 중요성을 힘주어 강조할 것이다. 사람들은 내가 말하는 거래의 진화 과정을 거쳐야만 한다. 당신은 자신의 성격, 한계, 인성, 그리고 강점과 약점을 알아야만 한다. 나는 주식 거래의 심리학을 무시하고 나에게 잘 맞지 않는 상황 속으로 빠져들 때 종종 손해를 보곤 한다.

신시어 : 장기적인 투자가들도 당신이 배운 것을 사용해 그들의 투

자에 적용시킬 수 있는가?

쿡 : 나는 그럴 수 있을 것이라고 믿는다. 하지만 그것은 시간을 두고 서서히 적용시켜야 한다. 나는 70년대 초에 훈련을 받은 기억이 난다. 그때는 누구도 주식을 산 후에 일년 안에 팔 생각을 하지 않았다. 무엇보다도 세금 문제 때문이었다. 그들은 적어도 일년 이상 주식을 보유해야만 한다고 생각했다. 장기적인 투자가가 단타 매매로 전환하는 것은 쉽지 않을 것이다. 그들의 사고방식은 단타 매매에 잘 적응하지 못한다. 따라서 그들은 서서히 적응해갈 필요가 있다.

신시어 : 당신이 볼 때 사람들이 거래를 하며 저지르는 가장 큰 실수는 무엇이라고 생각하는가?

쿡 : 나는 내 사무실에서 세미나를 하고, 나에게 오는 사람들 가운데는 거래에서 깨진 사람들이 많이 있다. 그들은 돈을 잃고 피를 흘리고 있으며, 그것을 멈추지 못하면 그들은 죽을 것이다. 이런 사람들이 나를 찾아올 때, 나는 그들이 했던 거래를 보고 즉시 어디에 문제가 있는지 알곤 한다. 거의 언제나 그들은 다소 긴 거래를 하면서 그것이 잘못된 거래임을 인정하지 않는다. 사람들은 잘못된 거래를 하고 있을 때 그것을 인정할 줄 알아야 한다. 일단 그런 잘못을 스스로 인정해야만 다음 단계로 나아갈 수 있다. 우선 먼저 그들이 마음속에서 시간대를 고치게 해야 한다. 하지만 그것은 말처럼 쉬운 일이 아니다.

신시어 : 당신은 거래를 할 때 특별한 장비를 사용하는가?

쿡 : 나에게는 당신이 말하는 더미 터미널이 있다. 나는 거의 컴맹에 가깝다. 더미 터미널은 그렇게 정교한 장치가 아니다. 그것은 단지 가격만을 보여줄 뿐이며, 나는 옛날 방식으로 거래를 한다. 물론 나에게도 빠른 속도를 제공하는 소프트웨어는 있어서 때로는 빠르게 분석을 하고 주문도 한다. 하지만 나는 기본적으로 옛날 방식으로 거래를 한다. 그래도 수익을 내는 데는 전혀 문제가 없다. 사실 나는 군중이 하는 대로 하지 않으려 한다. 나는 그들과 거꾸로 간다. 왜냐하면 내가 볼 때 군중은 대개 잘못된 생각을 갖고 있기 때문이다.

신시어 : 당신은 군중과 반대로 간다는 말인가?

쿡 : 그렇다. 나는 특히 기관들과 반대로 가는 것을 아주 좋아한다. 내가 볼 때 그들은 아주 엉터리 거래를 한다.

신시어 : 당신이 받았던 조언 중에서 가장 좋은 것은 무엇인가?

쿡 : 그것은 많은 사람들에게서 받은 조언들의 결합이다. "잘못된 거래를 했다면, 체면을 버리고 손절매를 하라. 자존심 때문에 손실을 키우는 우를 범하지 말라." 내가 볼 때 자존심은 사람들의 행위에서 나쁜 결과를 일으키는 범인이다. 우리 아버지는 늘 겸손해야

한다고 말씀하셨다. 너무 욕심을 내거나 큰 것만 바라서는 안 된다. 많은 거래인들은, 특히 우리가 잘 아는 대규모 거래인들은 많은 스트레스를 받으며 엄청난 돈을 관리한다. 나는 누구에게도 내가 백만 달러의 돈을 다룰 수 있다고 얘기하지 않는다. 나는 그렇게 할 수 없다. 누구도 그렇게 할 수 없을 것이다. 사람들은 시장을 왜곡시켜 포지션을 보유한다. 그들의 장기적인 수익율을 볼 때, 나는 그보다 더 잘할 수 있다. 나는 내 거래 자본으로 연간 50~100%의 수익을 내지 못하면 제대로 하는 것이 아니다. 나는 다른 사람들의 돈을 관리하지는 않지만 많은 사람들과 객장의 거래인들에게 조언을 한다.

신시어 : 당신이 가장 좋아하는 시장은 어떤 시장인가?

쿡 : 나는 불황 시장에서 더 많은 돈을 번다. 특히 1973년부터 1976년까지의 시장은 심각한 불황 시장이었는데, 그후 시장은 곧 말라버렸다. 내가 볼 때 가장 나쁜 시장은 지루한 횡보장세의 시장이다. 그냥 모든 것이 말라버리며, 사람들은 흥미를 잃고 거래량과 변동성은 죽어버린다. 그런 시장은 정말로 힘든 시장이다. 이것은 모든 거래인들의 악몽이다. 나는 그런 환경에서 배움을 얻었고, 그 때문에 생존하는 법을 배웠다. 나는 불황 시장을 기다린다.

신시어 : 그러니까 당신은 일반적인 거래와 공매도 모두에서 돈을 버는가?

쿡 : 어떤 시장이든 움직이기만 하면 나는 돈을 벌 수 있다. 시장이 오르건 내리건 나는 상관하지 않는다. 시장은 늘 오를 때보다 내릴 때가 더 빠르고, 우리는 공매도를 할 때 많은 돈을 벌 수 있다.

신시어 : 당신의 거래가 다른 때보다 특히 더 성공적이었던 때가 있는가?

쿡 : 그렇다. 이를테면 걸프전 같은 심각한 상황이 벌어졌을 때 나는 많은 돈을 벌었다. 이럴 때는 나에게 아주 좋은 기회가 된다. 세상에서 무언가 심각한 상황이 일어날 때마다 불확실성이 나타난다. 불확실성은 변동성을 높이며, 변동성은 아마추어들에게 겁을 주고 그때 나는 싹쓸이를 한다.

신시어 : 시간 외 거래에 대해서는 어떠한가?

쿡 : 나는 큰손이다. 나는 상당히 큰 규모로 하며, 그래서 나는 언제든지 들어가고 나올 수 있어야 한다. 나는 그것을 중요하게 여긴다. 그렇다고 반드시 수익을 내면서 들어가고 나온다는 말은 아니다. 중요한 것은 언제든지 들어가고 나오는 것이다. 가령 나는 1982년에 어떤 포지션에 발목이 잡혀 유동성을 잃고 말았다. 나는 가격이 급락하는 동안에 거래를 할 수가 없었다. 나는 늘 유동적인 시장에 들어가 언제든지 나올 수 있어야 한다. 시간외 거래는 현재로서 유동성이 다소 부족하다고 나는 본다. 하지만 언젠가는 그것도 변하

게 될 것이다.

신시어 : 그밖에 당신은 어떤 식으로 위험을 줄이는가?

쿡 : 나는 늘 특정한 가격에서 사자나 팔자 주문을 낸다. 나는 시장 주문을 좋아하지 않는다. 내가 바라는 가격대가 되어야 하며, 그렇지 않으면 나는 손을 대지 않는다. 나는 또 아주 조심스럽게 거래를 한다. 나는 S&P 500 주식과 채권 선물을 거래한다. 그것이 내가 가장 잘 아는 것이며, 나는 그밖의 거래를 잘 하지 않는다. 그런 거래도 해본 적은 있지만, 늘 제자리로 돌아오며 그런 시장에서 나는 잘한다. 나는 그것들에 감각이 있다. 당신도 자신이 잘 모르거나, 재능이 없거나, 혹은 편안함을 느끼지 못하는 분야는 피해야 할 것이다. 그것은 망하는 지름길이 될 수 있다. 나는 아주 조심스럽게 거래를 하며, 내가 잘하는 시장에서만 거래를 한다.

신시어 : 당신은 언제 이익을 실현해야 하는지 어떻게 아는가?

쿡 : 내가 지키려는 가장 힘들고 어려운 규칙 가운데 하나는 "수익을 손실로 바꾸지 않는 것"이다. 그런 일이 일어나면 나는 자신을 용서하지 못할 것이다. 내가 원하는 방향으로 거래가 움직이면, 나는 조심스럽게 이익 실현을 측정한다. 때로는 약간의 수익을 내고 현금을 확보하며, 어떤 때는 조금 더 높은 가격에 이익을 실현한다.

신시어 : 그러면 당신은 언제 팔 것인지 결정할 때 기술적 분석의 도움을 받지 않는가?

쿡 : 나는 대개 감각에 의존한다. 내가 볼 때 충분한 돈을 벌었고 그것이 단기적으로 괜찮은 수익이라면, 그럴 때 나는 이익을 실현해 현금을 확보한다. 나는 욕심을 부리지 않고 합리적인 방식으로 거래를 한다. "더 많은 돈을 벌고 싶기 때문에 어떤 주식이 더 오를 것이라고 생각하는가, 아니면 합리적인 이유로 그렇게 생각하는가?"를 따져본다. 대개의 경우 나는 손 안의 한 마리 새가 덤불 속의 두 마리 새보다 더 낫다고 생각한다. 나는 그야말로 단기 거래인이다. 나는 밤에 사무실 문을 깨끗이 닫고 가족과 함께 즐거운 시간을 보내고 싶어한다. 그리고 나는 밤에 잠을 아주 잘 잔다!

신시어 : 당신은 감각과 직관에 상당히 의존하는 것 같다.

쿡 : 직관은 우리가 얻을 수 있는 것이다. 하지만 이번에도 그것은 오늘, 내일, 다음주, 다음달, 혹은 앞으로 2년 후가 아니다. 직관을 개발하는 데는 시간이 걸린다. 무엇이든 자신들이 하는 일을 잘하는 사람들은 언제 상황이 뒤틀리는지 느낄 수 있다. 하지만 그렇게 하려면 경험이 필요하다. 사람들은 시간과 돈을 써야만 배움과 그런 경험을 얻을 수 있다. 그 모든 재료들을 기꺼이 활용한다면 나름대로 성공을 거둘 수 있다. 급하게 서두르는 사람은 성공할 수 없으며, 그것은 자신을 속이는 일이다. 그럴 바에는 차라리 카지노에

가서 도박을 하는 것이 나을지도 모른다.

신시어 : 당신은 신용 거래를 하는가?

쿡 : 거의 하지 않는다. 나는 현금으로 거래한다. 자본 확보는 필수적이다. 나는 큰돈을 벌고 싶어 안달하지 않는다. 나에게는 큰돈이 필요하지 않기 때문이다. 나는 단숨에 수백만 달러를 벌려는 그런 사람이 아니다. 나는 그런 것을 꿈꾸지 않는다. 나는 편안하게 살고 싶다. 나는 확실하고 안전하게 돈을 벌고 싶다. 그리고 나는 재미있게 거래를 하고 싶다. 나는 사람들에게 이렇게 얘기한다. 당신이 즐기는 일을 하면 평생 일할 필요가 없다. 그 점에서 나는 복 받은 사람이다. 나는 필요한 만큼의 돈을 벌 수 있기 때문이다. 나는 적당한 시장 상황을 기다린 후에 적극적으로 거래를 한다. 나는 기회를 포착하며 위험한 상황에 빠지지 않는다.

신시어 : 많은 사람들이 데이트레이더를 꿈꾸고 있다. 데이트레이더의 이점은 무엇인가?

쿡 : 내가 아는 몇몇 친구는 데이트레이딩을 하면서 원하는 삶을 산다. 그들은 금전적으로, 그리고 감정적으로 자유롭다. 그들은 원하는 곳에서 원하는 시간에 일을 한다. 그들은 원하는 곳에서 살 수 있고, 어울리는 사람들도 선택할 수 있다. 이것들이 데이트레이더의 이점들이다. 자신이 하는 일을 잘하면 스스로 운명을 통제하면

서 돈도 벌고 재미도 느낄 수 있다. 거래는 당신이 삶에서 원하는 것을 얻게 해준다.

신시어 : 당신은 데이트레이더 지망자들에게 어떤 조언을 하겠는가?

쿡 : 자신이 직접 결정을 내리고 분석을 하면서 외부의 영향과 방해를 받지 않도록 애써야 한다. 나는 오하이오의 시골 지역에 사는데, 이것은 더 효과적인 거래를 하는 데 도움이 된다. 나는 외부의 어떤 소식 때문에 판단력이 흐려지는 것을 원치 않는다. 내가 어떤 기사를 보게 되면, 그것은 내 사고 과정을 왜곡시킬 수 있고 나를 어느 한 방향으로 몰고 갈 수 있다.

배리 도프먼
Barry Dorfman

배리 도프먼은 월가의 투자 회사들을 위해 관리, 훈련, 그리고 마케팅 서비스를 제공하는 회사의 사장이다. 그는 수익을 내는 스윙 거래인으로서, 대략 7년 동안 단타 매매를 해오고 있다. 배리는 또 거래의 기본부터 고급 기법에 이르기까지 모든 것에 대해 개인적인 컨설팅도 해주고 있다.

마이클 신시어 : 처음에 어떻게 단타 매매를 하게 되었는가?

배리 도프먼 : 큰 단타 매매 회사의 이사였던 형이 나에게 단타 매매에 대해서 보고 배울 수 있는 기회를 제공했다. 나는 형의 회사에 가서, 그곳에서 일하는 많은 거래인들이 정기적으로 돈을 벌고 단기 거래의 기법을 배우는 모습에 큰 흥미를 느꼈다.

신시어 : 당신은 처음 시작했을 때 즉시 성공을 거두기 시작했는가?

도프먼 : 아니다. 나는 대략 18개월 정도 지난 후에 수익을 내기 시작했다. 어떤 사람들은 한달만에 수익을 내기도 하고, 어떤 사람들은 3~4년이 지나야 수익을 낸다. 중요한 것은 손실을 최소한으로 유지하면서 계속해서 배우는 것이다. 일단 거래 기법을 배우고 상

당한 실력을 쌓게 되면, 때로는 하루만에도 손실을 만회할 수 있고 꾸준히 수익을 낼 수 있다.

신시어 : 초보 거래자가 어떻게 손실을 최소화할 수 있는지 말해줄 수 있는가?

도프먼 : 한동안은 손실을 보아야만 돈을 벌 수 있다는 점을 받아들여야 한다. 하루나 한달만에 돈을 버는 사람은 거의 없다. 그런 사람들은 최고 중의 최고라고 할 수 있다. 내 회사에서 사람들은 적어도 12개월은 지나야 거래를 배울 수 있다고 얘기한다. 한동안은 손해를 보면서 거래 기법을 배워야 하기 때문에, 처음에는 작게 시작해야 한다. 그렇게 경험을 쌓으면서 차츰차츰 규모를 늘려가야 한다. 초기 단계에는 손실을 본다는 것을 받아들여야 한다. 작게 시작하면 그와 같은 손실을 줄일 수 있고, 그러면 나중에 손실을 만회하기도 더 쉬워진다.

신시어 : 그 18개월 동안 당신이 저지른 가장 큰 실수는 무엇인가?

도프먼 : 나는 너무 많은 주식을 거래했다. 나는 기술주 둘, 제약주 둘, 통신주 둘, 석유주 둘, 그밖에도 온갖 주식을 거래했다. 나는 틈새를 찾아야만 했다. 나는 편안함을 느끼는 주식을 찾아야만 했다. 그렇게 하는데 6개월쯤 걸렸다. 이어서 다음에는 타이밍을 맞춰 거래하는 법을 배워야만 했다. 나는 오랜 시간이 걸려서야 타이

밍에 익숙하게 되었다. 아침에 시장이 크게 오르면서 개장할 때는 매수를 자제해야 한다. 잠시 기다리면서 시장의 움직임이 안정된 후에야 주식을 매수해야 한다. 타이밍을 배우는 데는 상당한 시간이 걸렸다.

신시어 : 당신은 어디에서 틈새를 찾았는가? 당신은 어떤 주식을 거래하는가?

도프먼 : 나는 인터넷 주식을 거래하지 않는다. 나는 대개 신기술 업종을 거래한다. 신기술 업종은 뜨는 업종이고 변동성이 높기 때문이다. 이런 주식들을 거래해서 돈을 버는 것은 쉽지 않다. 나는 변동성이 너무 높지 않은 주식들을 거래하며, 대개 그날 그날 뜨는 업종들을 거래한다. 오늘 나는 신기술 주식들을 거래하고, 다음날 제약 업종이 뜨면 나는 제약 주식들을 거래한다. 통신주들이 뜨는 날에는 그것들을 거래한다.

신시어 : 특정한 주식들이 뜬다는 말은 무슨 뜻인가?

도프먼 : 특정한 주식들이 뜬다는 말은 그것들이 활발하게 움직인다는 뜻이다. 그렇게 되는 이유는 실적, 소식, 혹은 합병 가능성 등이다. 나는 활발하게 움직이는 주식들을 찾아 거래한다. 그리고 나는 어느 정도 변동성이 있는 주식들을 거래한다. 그래야만 나름대로 수익을 올릴 수 있기 때문이다.

신시어 : 그렇다면 당신은 같은 업종에 속한 특정한 주식들을 거래한다는 말인가?

도프먼 : 그렇다. 우리는 그것을 업종 거래라고 부른다. 나는 특정한 업종이나 그룹에서 앞서가는 주식들을 매수한다. 제약 업종이 뜨는 날에 나는 그곳에서 앞서가는 주식들을 매수한다. 나는 움직임이 빠른 주식들을 거래한다. 처음에는 그런 주식들을 알아내는 것이 쉽지 않을 수도 있다. 하지만 당신은 그런 주식들을 거래해야 한다.

신시어 : 당신은 어떤 지표들을 보는가?

도프먼 : 다우 지수가 50포인트 올랐는데 제약 주식들은 3~4, 혹은 5포인트가 하루 동안 올랐다면, 그리고 모두가 높은 거래량을 나타낸다면, 나는 그런 업종에 속한 주식들을 거래한다. 그와 같은 추세는 대개 이틀 정도 계속되는 경향이 있다. 그것은 잠시 나타났다가 사라지는 추세가 아니라 대개는 2~3일 정도 계속되는 추세이다.

신시어 : 그러면 당신은 같은 업종에 속한 여러 주식을 사는가?

도프먼 : 그렇다. 그리고 충분한 자본만 있다면 그 업종에 속한 모든 주식을 사는 것도 좋은 전략이다. 내가 하는 거래 회사에서 우리는 전체 업종을 매수한다. 시장이 오르면 우리는 기세를 이용해 매도한다. 그런 후에 우리는 시장이 안정될 때까지 잠시 기다리면서 그

업종의 어떤 주식들이 가장 강한지 살펴본다. 우리는 그렇게 가장 강한 주식들만을 대상으로 더 큰 규모의 매수를 한번 더 해서 다시 기세를 활용해 매도하기도 한다. 개인 투자가들은 한 업종의 10 내지 15가지 주식을 살 자본이 없을 수도 있다. 그래서 개인 투자가들은 앞서가는 주식들만 거래하는 것이 더 나을 것이다.

신시어 : 왜 당신은 그냥 하나만 고르지 않고, 같은 업종에서 여러 가지 주식을 거래하는가?

도프먼 : 같은 업종의 서로 다른 주식들은 각기 다른 간격으로 움직인다. 대개 많은 주식들은 시장의 움직임과 거의 같은 방식으로 움직인다. 선물 가격이 상승하고 다우 지수도 상승하면, 대개의 주식들도 가격이 상승한다. 하지만 주식들은 저마다 다른 시간 간격으로 가격이 상승한다. 그것은 누구도 알 수 없다. 전체 그룹이나 그 그룹에서 여러 주식을 매수하면 수익의 가능성은 더 높아진다. 그러다가 시장이 올라가기 시작하면, 어떤 것들이 다른 것들보다 더 잘 움직이는지 볼 수 있고, 당신은 그런 것들을 사거나 팔 수 있다.

신시어 : 초심자들은 어떤 주식부터 시작해야 하는가?

도프먼 : 그것은 개인적인 결정이다. 유동성이 많은 주식, 거래량이 많은 주식을 거래해야 한다. 기관들과 자금 관리자들이 있는 곳을 알아야 한다. 어떤 주식, 어떤 그룹에 투자하고 싶은지 결정할 때,

자신의 화면에 그것들을 띄워 놓고 계속적으로 한 분야의 지표들을 살펴봐야 한다. 다음에는 그냥 주식을 사고 팔면서 자신이 어떤 특정 분야에 흥미를 느끼는지 관찰하는 문제에 불과하다. 나는 개인적으로 제약주와 기술주에 흥미를 느끼고 감각이 있음을 알게 되었다. 나는 통신주나 다우 주식들에 대해서는 같은 경험을 하지 못했다. 집에서 거래하는 평균적인 투자가는 2~3종목의 주식을 사서, 수수료를 빼고 1/4 포인트의 수익을 기대할 수도 있다. 하지만 그것은 아주 현실적이거나 효과적인 것이 아니다. 그것은 또 쉬운 것도 아니다. 그보다는 상승세를 타는 업종을 찾아내서 둘 혹은 셋의 선도주를 사고, 그것들이 잘 나갈 때 하루나 이틀 동안에 거래를 하는 것이 훨씬 더 쉽다.

신시어 : 상대적인 힘을 말하는 것인가?

도프먼 : 그렇다. 상대적인 힘에 의한 거래를 말하는 것이다. 그것은 활력이 있는 곳, 강한 주식들이 있는 곳, 빠르게 움직이면서 며칠 동안 기세를 나타내는 주식들이 있는 곳을 찾아내는 것이다. 이런 주식들을 거래하면 이틀 정도 손실을 입지 않으면서 포지션을 유지할 수 있다.

신시어 : 당신은 자신의 거래 스타일을 어떻게 보는가?

도프먼 : 나는 기세를 활용하는 스윙 거래인이다. 아까도 얘기했듯

이, 나는 6~10개의 가장 강한 주식을 그룹으로 사서 동시에 거래한다. 그리고는 시장이 반등할 때 그것들을 판다. 다른 사람들이 주식을 살 때, 나는 그들에게 주식을 판다. 내가 그렇게 할 수 있는 것은 주가가 움직이는 동안이 아니라 움직이기 훨씬 전에 포지션을 구성하기 때문이다. 나는 당신이 주식을 살 때 그것을 당신에게 판다. 그리고 나는 더 높은 가격에 그것을 당신에게 판다.

신시어 : 당신은 일간 혹은 주간 수익 목표가 있는가?

도프먼 : 우리 회사에서는 사람들에게 하루에 특정한 포인트 수의 수익 목표를 정하라고 얘기한다. 당신도 원하는 대로, 그것이 하루에 500달러이건 1000달러이건, 수익 목표를 정할 수 있다. 가령 당신은 거래의 수익 목표를 5포인트로 정할 수 있다. 그렇게 해서 5포인트의 수익을 달성하면 주식을 파는 것이다.

가격이 5포인트 이상 올라가더라도 고민할 필요는 없다. 혹은 가격이 5포인트 오를 때 절반은 팔고 절반은 보유할 수도 있다. 그렇게 하면 가격이 5포인트 오를 때 또 다른 5포인트를 노릴 수 있다. 가격이 5포인트 떨어져도 여전히 수익을 챙길 수 있고, 따라서 전체적으로는 수익을 낼 수 있다. 이것은 약간의 수익을 내기 위한 아주 좋은 방법이다.

목표 수익을 달성하면 손을 털어라. 하루에 1포인트의 수익을 내고 1000주를 거래한다면 하루에 1000달러의 수익이 된다. 누구든지 이것은 좋은 수익이라고 얘기할 것이다.

신시어 : 당신은 그렇게 하는가?

도프먼 : 그렇다고 할 수 있다. 나는 내가 올리는 1/4, 1/2, 3/4, 혹은 그밖의 수익을 모두 합한다. 그렇게 해서 내 수익 목표를 달성하면, 나는 오전 10시 반이나 11시에 손을 턴다. 그리고는 집에 가서 휴식을 취하고 오후 2시에 다시 올 수도 있다. 그럴 때는 전혀 새로운 거래일이 된 것처럼 2시에 시장을 다시 평가한다. 아침에 강했던 것이 오후에도 반드시 강할 것이라고 생각할 수는 없다. 그래서 30분 동안 전체 시장을 재평가한 후에 오후 거래를 시작한다.

신시어 : 당신은 나이스(NYSE)와 나스닥(NASDAQ)의 주식들을 다르게 보는가?

도프먼 : 내가 하는 거래의 80%는 나이스의 주식들이다. 내가 나이스의 주식들을 좋아하는 이유는 원하는 가격에 원하는 만큼 주식을 살 수 있기 때문이다. 반면에 나스닥의 주식들은 그렇지가 못하다. 하지만 이제는 나스닥의 주식들 중에서도 거래가 쉬운 주식들이 늘어나고 있다. 이를테면 규모가 큰 마이크로소프트, 인텔, 그리고 시스코 같은 주식들이다. 내가 좋아하는 주식은 거래량이 많은 주식이다. 그래야만 유동성을 확보할 수 있기 때문이다.

신시어 : 당신의 거래 방식을 개발하는 데 얼마나 많은 시간이 걸렸는가?

도프먼 : 그렇게 하는 데는 시간이 걸린다. 각자의 거래 방식은 성격과 밀접한 관계가 있다. 누구든지 거래를 시작하려면 기초가 있어야 한다. 거래의 기본들, 주식을 고르는 법, 타이밍을 맞추는 법, 절제심, 그리고 위험 관리 등을 알아야 한다. 나는 먼저 그런 것에 초점을 맞춘다. 다음에는 자신의 성격을 알아야 한다. 어떤 사람들은 변동성이 아주 높은 인터넷 주식들을 좋아하는 반면, 어떤 사람들은 가격 변동이 낮아서 안정성이 높은 소형 우량주를 좋아한다. 당신은 자신의 성격을 고려해서 거래할 주식을 골라야 한다. 그리고 자신에게 맞는 거래 방식을 개발해야 한다.

신시어 : 당신이 인터넷으로 하는 것을 다른 사람들도 집에서 온라인으로 할 수 있는가?

도프먼 : 물론이다. 만일 당신이 주식 선택을 20개 정도로 좁히고 그 중에서 선도주를 거래할 수 있다면, 어떤 시장에서도 정기적으로 돈을 버는 것은 쉽다고 나는 생각한다. 유동성이 좋은 우량 주식들, 펀드 매니저와 기관들이 참여하는 주식들을 거래하면 성공의 확률은 높아진다. 그런 주식들은 가격을 조작할 수가 없다. 예를 들어 인텔과 마이크로소프트의 주식은 가격을 조작할 수가 없다. 이런 주식은 한 이틀 정도 강세를 유지한다. 누군가 마이크로소프트의 주식을 50만 주를 판다고 해서 가격이 순식간에 10포인트씩이나 급락하지는 않는다. 이런 주식은 집에서 안전하게 관찰하고 거래할 수 있다. 선도주를 거래하고 활력이 있는 곳에 가라. 하지

만 처음에는 작게 시작하라. 그러다가 자본이 늘어나면 이런 대형주를 점점 더 많이, 더 효과적으로 거래하면서 돈을 벌 수 있다.

신시어 : 어떤 사람들은 하루 이상 주식을 보유하는 것이 아주 위험한 일이라고 생각한다. 당신은 어떻게 생각하는가?

도프먼 : 특정한 상황에서는 하루 이상 주식을 보유하는 것이 위험할 수도 있다. 당신은 소비자 신뢰 지수, 실업률, 그리고 당신이 보유하려는 주식의 어떤 소식이나 실적 발표를 잘 알아야 한다. 예를 들어 나는 어떤 회사가 3일 후에 실적 발표를 할 것임을 알 때, 실적 발표가 나오기 전에 주식을 처분할 것이다. 실적을 발표할 때까지 주식을 갖고 있는 것은 내가 볼 때 도박이다. 따라서 이런 경우에는 하루 이상 주식을 보유하는 것이 위험할 수도 있다. 하지만 특별한 상황이나 발표가 없을 때는 하루 이상 주식을 보유해도 괜찮을 것이다.

신시어 : 신용 거래는 어떠한가? 이제 막 거래를 시작하는 사람들이 신용 거래를 해야 한다고 생각하는가?

도프먼 : 신용 거래는 초보자들에게 나쁜 결과를 가져올 수 있다. 그럴 때는 자신의 능력 이상으로 많은 주식을 거래하기 때문이다. 내가 권유하는 신용 거래의 한도는 2-1이다. 나는 사람들이 10-1이나 12-1의 신용 거래로 많은 돈을 잃는 것을 보았다. 그들은 야후,

라이코스, 그리고 아마존의 주식을 100주 거래하는 것이 아니라 신용으로 1000주 혹은 2000주를 거래한다. 그 중에서 어떤 주식이 20포인트 떨어지거나 셋 모두 합해서 20포인트가 떨어지면, 당신은 1000달러나 2000달러가 아닌 2만 달러를 잃게 된다. 대부분의 거래인은 그렇게 많은 손실을 감당할 수가 없다. 자신이 갖고 있는 것보다 더 많은 돈을 거래하는 것은 피해야 한다. 그렇지 않으면 거래의 기회를 잃게 되고 손실을 만회할 가능성은 사라진다. 거래를 할 때는 돈 관리(money management)가 아주 중요하다.

신시어 : 돈 관리라는 것은 무슨 뜻인가?

도프먼 : 돈 관리란 손실을 작게 하고 수익을 챙기는 법을 배우는 것이다. 가령 당신이 5만 달러의 투자금으로 시작했는데 이제는 10만 달러가 되었다고 생각해 보자. 이럴 때 당신은 5만 달러의 수익을 챙겨야 할 것이다. 당신은 늘 자신의 돈을 보호해야 하고, 다음번의 거래는 변변치 않거나 돈을 잃는 나쁜 거래일 수 있음을 늘 명심해야 한다. 시장이 나빠져서 당신이 돈을 잃을 수 있음을 명심해야 한다. 도박꾼들은 블랙잭을 할 때 언제 수익의 일부를 챙겨야 하는지 직관적으로 안다. 그들은 판이 나빠지면 자리에서 일어난다. 나도 늘 거래에서 손을 뗀다. 당신은 자신의 목표를 알아야 한다. 어느 날의 거래에서 느낌이 좋지 않거나 거래할 주식을 찾지 못할 때는 거래를 하지 말아야 한다.

신시어 : 그렇게도 많은 사람들이 돈을 잃는 것은 돈 관리를 제대로 못하기 때문인가?

도프먼 : 사람들이 돈을 잃는데는 여러 가지 이유가 있다. 그것은 지식이나 교육의 부족일 수도 있고, 혹은 소문이나 친구의 얘기를 듣고 주식을 거래하기 때문일 수도 있다. 하지만 가장 기본적인 문제는 너무 욕심을 내기 때문이다. 어떤 사람들은 수익이 날 때 욕심이 생겨 같은 거래를 반복한다. 그러다가 어느 순간에 그들은 돈을 잃는다. 따라서 중요한 것은 절제심이다. 많은 사람들은 어떤 사람이 돈을 벌었다는 얘기를 듣고 자신도 돈을 벌려 한다. 그리고 많은 사람들은 욕심에 눈이 어두워 모든 것을 걸었다가 낭패를 보곤 한다. 절제심을 발휘해야 하고 자신이 세운 규칙을 따라야 한다.

신시어 : 그러면 규칙을 세운 후에도 상당한 절제심이 필요하단 말인가?

도프먼 : 물론이다. 절제심을 갖는 것이 중요하다. 절제심이 없으면 돈을 잃게 된다. 사실 절제심은 가장 어려운 것에 속한다. 거래는 시간이 지나면 배울 수 있다. 하지만 절제심은 아주 어려운 것이다. 사람들은 자신이 틀렸음을 인정하지 않으려고 한다. 사람들은 과욕을 부리면서 판단이 흐려지곤 한다. 당신은 시장을 이길 수 없다. 시장은 당신보다 강하다. 돈을 잃었다고 무모하게 덤비면 반드시 낭패를 보게 된다. 감정을 배제해야 한다. 이것은 거래를 할 때 아

주 중요한 것이다.

신시어 : 거래인들이 일지를 기록하는 것은 중요하다고 보는가?

도프먼 : 그렇다. 일지를 기록하는 것은 아주 중요하다. 매일같이 일지를 기록해서 자신의 실수에 대해 얘기할 수 있어야 한다. 무엇을 더 잘할 수 있었는지, 왜 어떤 주식들을 매수했는지, 왜 어떤 주식들을 매도했는지, 그밖에 등등에 대해서 얘기할 수 있어야 한다.

신시어 : 당신은 거래 일지에 어떤 정보를 적어 두는가?

도프먼 : 직업적으로 거래를 하는 사람은 시장과 거래 활동에 관심을 가져야 한다. 시장에 비해서 당신의 주식은 어떤 성과를 올렸는지, 시장은 전에 비해서 어떤 성과를 올렸는지, 어떤 주식이 그룹에서 가장 강했는지, 어떤 주식이 가장 약했는지 알아야 한다. 당신은 자신의 실적을 분석하면서 무엇을 잘했고 무엇을 더 잘할 수 있었는지 알아보아야 한다. 당신은 시장이 문을 닫은 후 적어도 한 시간 동안 자신이 갖고 있는 주식들을 검토해야 하고, 시장이 문을 열기 전에 적어도 한 시간 동안 지난 밤의 기록들을 검토해야 한다. 이렇게 하면 시장이 어떻게 될 것인지, 전날에 시장은 어떠했는지, 시장의 추세는 어떠한지 감을 잡을 수 있다. 그런 후에 당신은 그 날의 시장에 접근하기 위한 전략을 짜야 한다.

신시어 : 일지는 왜 그렇게 중요한가?

도프먼 : 매일같이 기록을 하고 거래에서 배움을 얻지 못하면, 당신은 실제로 한 거래나 주식들에서 유형을 알아낼 수가 없다. 사람들은 크게 성공한 거래는 잘 기억하지만, 실패한 작은 거래들은 기억하지 못하는 것 같다. 당신은 성공한 거래와 실패한 거래 모두를 검토해야 하며, 그럼으로써 점점 더 나아져야 한다. 당신은 또 매번 하는 거래마다 언제 포지션을 정리할지도 결정해야 한다. 당신은 그것을 미리 알아야 한다. 그리고 다음번의 거래를 하기 전에 준비가 되어 있어야 한다. 그러기 위해서는 거래 일지를 기록하는 것이 반드시 필요하다.

신시어 : 당신은 그와 같은 정보를 사용해 무엇을 거래할지 결정하는 데 도움을 받는 예를 제시할 수 있는가?

도프먼 : 가령 당신이 지난 3일 동안 매일같이 인텔, 마이크로소프트, 혹은 시스코의 주식이 5포인트씩 오르는 것을 보았다고 하자. 그런데 당신이 그 주식을 사자마자 4~5 포인트가 내린다. 왜 그렇게 되었을까? 당신은 시장에서 일어나고 있는 일을 미리 관찰하지 못했기 때문이다. 당신은 그것을 관찰했다면 우리가 얘기하는 상대적인 약함을 알아차렸을 것이다. 그 주식은 3일 동안 크게 오르기는 했지만 시장이 오르는 만큼 오르지는 못했다. 그래서 그 주식은 상대적인 약세를 보여주고 있었다. 만일 당신이 거래 일지를 작성

했다면 그와 같은 점을 알았을 것이고, 그런 정보를 사용해 더 좋은 거래를 할 수 있었을 것이다.

신시어 : 당신이 절대 어기지 않는 하나의 규칙은 무엇인가?

도프먼 : 나는 절대로 잃는 주식을 집에 갖고 가지 않는다. 그것은 나에게 가장 중요한 규칙이다. 내가 어떤 주식을 갖고 있는데 그것이 3시 59분에 나에게 손실을 준다면, 나는 절대로 그 주식을 다음날 아침까지 보유하지 않는다. 나는 미련을 버리고 주식을 처분해 손실을 감수한다.

신시어 : 당신이 그것을 스윙 거래로 산 경우에도 그러한가?

도프먼 : 아니다. 그것은 다른 경우이다. 나는 지금 단타 매매자로서 얘기하는 것이다. 나는 훈련 과정에서 잃는 주식은 깨끗하게 정리해야 함을 배웠다. 일반적으로 말해서, 그런 주식은 다음날에도 내리는 경우가 많다.

신시어 : 하지만 스윙 거래를 할 때는 조금 더 갖고 가지 않는가?

도프먼 : 물론이다. 단타 매매를 할 때는 아주 엄격하게 손절매를 해야 한다. 스윙 거래를 할 때는 약간 더 느슨해도 좋다. 스윙 거래를 할 때는 펀더멘탈과 기술적 분석에 좀더 초점을 맞추어야 한다.

그렇지만 스윙 거래를 할 때도 많은 거래량으로 7포인트의 가격 하락에 직면하면 어떻게 되겠는가? 그럴 때도 주식을 보유해야 하는가? 나라면 그럴 때는 주식을 처분할 것이다. 스윙 거래를 할 때는 가격이 1/2 포인트, 1포인트, 혹은 2포인트가 떨어져도 며칠 동안 주식을 보유하는 것이 일반적일 것이다. 하지만 그보다 높은 폭으로 가격이 떨어질 때는 주식을 처분하는 것이 합리적일 것이다.

신시어 : 당신은 가격이 떨어질 때 물타기를 하는가?

도프먼 : 대체적으로 나는 그렇게 하지 않는다. 물론 전혀 그렇게 하지 않는 것은 아니지만, 그것은 상당히 드문 경우이다. 1995년에 중동에서 국지전이 일어난 적이 있었다. 그런 소식은 주식과 전혀 상관없는 것이지만, 시장은 상당히 민감하게 반응했다. 그리고 나는 주식을 처분할 수 없었다. 그래서 나는 물타기를 해 더 낮은 가격에 주식을 매입했다. 마침내 상황이 종료되고 모두가 안도의 한숨을 쉴 때, 시장은 다시 회복되었고 나는 주식을 팔아 수익을 올렸다. 따라서 무언가 통제하기 힘든 일이 일어나고 그것이 주식과 전혀 상관이 없다고 생각되면, 그때는 물타기를 해도 무방할 것이다.

신시어 : 하지만 일반적으로 말해서, 그것은 초보자들에게 좋은 방법이 아니라고 얘기할 수 있는가?

도프먼 : 그렇다. 일반적으로 말해서, 매입한 주식이 기대한 결과를

보이지 않으면, 그때는 손을 털고 다른 곳을 보는 것이 좋다. 나는 잘못을 인정하고 빠져나온다. 그리고 많은 전문 거래인들도 그렇게 한다. 대부분의 사람들은 잘못을 인정하기보다 수백만 달러를 잃는 것이 낫다고 생각할지 모른다. 하지만 잘못을 인정하고 빨리 손을 터는 것이 올바른 방법이다. 주식을 붙들고 앉아서 한숨 쉴 것이 아니라, 주식을 처분하고 무엇을 해야 하는지 분석해야 한다.

신시어 : 손절매는 초보자들에게 가장 중요한 규칙이라고 말하겠는가?

도프먼 : 그리고 감정을 통제하는 법도 배워야 한다. 대부분의 거래인은 돈을 잃는 상황에서 그냥 겁을 먹는다. 감정이 그들을 마비시킨다. 현명한 거래인은 감정을 배제하고 냉정하게 거래를 하며, 어디에서 자신이 틀렸는지 알아보려 애쓴다. 전문적인 거래인은 실수를 인정하고 다시 시작한다. 초보자는 그냥 자리에 앉아 계속해서 손해를 본다. 그리고는 '복수 거래'를 통해 손해를 만회하려 기를 쓴다. 복수 거래는 가장 나쁜 거래 방식이다. 어떤 주식에서 손해를 보고 있는데 계속해서 그 주식에 집착하면, 결국에는 낭패를 보고 만다. 따라서 빨리 손을 털고 다른 곳으로 가야 한다. 손실은 이미 일어난 것이다. 당신은 그것을 즉시 만회할 수 없을지 모르지만, 결국에는 서서히 만회를 할 수 있다.

신시어 : 사람들은 손해를 보기 시작할 때 자신감을 잃을 수도 있다.

그런 상황에서 벗어나려면 어떻게 해야 하는가?

도프먼 : 중요한 것은 다시 자신감을 찾는 것이다. 누구든지 때로는 힘든 상황에 처할 수 있다. 가장 뛰어난 거래인들도 때로는 힘든 상황에 처할 수 있다. 그것은 피할 수 없는 것이다. 하지만 당신은 그것을 심리적으로 컨트롤할 수 있어야 한다. 당신은 스스로 이렇게 말해서는 안 된다. "오, 나는 돈을 잃고 있어. 나는 구제불능이야. 나는 안돼." 당신은 긍정적인 자세를 유지해야 한다. 당신은 다시 위험 관리 기법과 규칙들을 돌아보면서 무엇을 잘못하고 있는지 알아내야 한다.

신시어 : 당신은 무엇을 잘못하고 있는지 알아낸 후에 어떻게 하는가?

도프먼 : 나는 홈런을 치려 하지 않고 안타를 치려 애쓰면서 서서히 손실을 만회하려 애쓴다. 어떤 날이든지 부정적인 마음으로 집에 가서는 안 된다. 당신은 100달러를 벌면 집에 100달러를 갖고 간다. 다음날에는 200달러를 갖고 간다. 다음날에는 50달러를 갖고 간다. 다음날에는 아무 것도 갖고 가지 못하면서 본전만 챙긴다. 이렇게 작은 안타들이 모이고 모이면, 당신은 이렇게 말할 수 있게 된다. "와, 그동안 상당한 손실을 만회했고, 이제는 다시 자신감이 생기기 시작한다."

신시어 : 단타 거래의 초보자들에게 마지막으로 들려주고 싶은 얘기는 무엇인가?

도프먼 : 절대로 이기는 날을 지는 날로 바꾸지 말라. 이것은 거래를 할 때 심리적으로 가장 우울한 상황이다. 그래서 나는 수익을 챙기라고 말하는 것이다. 약간의 수익이 생기면 그것을 챙겨야만 다음에 또 거래를 할 수 있다. 따라서 늘 수익을 챙기는 데 신경을 써라.

데이빗 나사르
David Nassar

데이빗 S. 나사르는 온라인 증권사 MWS의 대표이사 사장이며 MWS 훈련 학교의 창업 사장이다. MWS 학교는 그동안 전세계의 1천명 이상에게 최신의 기술과 전략을 사용해 전자적으로 거래하는 법을 가르쳤다. 이런 거래 전략과 기술을 써서 베스트셀러를 낸 작가이며, 전자적인 거래 기법을 대중에게 가르치기 위한 세미나도 정기적으로 주관하고 있다.

마이클 신시어 : 당신은 처음에 어떻게 단타 매매를 하게 되었는가?

데이빗 나사르 : 나는 처음에 단타 매매부터 시작하지 않았다. 내가 처음 금융 시장에 들어가게 된 것은 아버지 때문이었다. 아버지는 47년 동안 금융 분야에서 일했고, 그래서 집에 오시면 우리에게 금융 서비스와 뮤추얼 펀드, 그밖에 온갖 새로운 금융 상품을 가르치셨다. 내가 처음 주식에 투자하기 시작한 것은 고등학생 때 투자 클럽을 통해서였다. 그리고 대학에 들어가서는 적극적으로 주식을 거래했다. 나는 사실 전형적인 차트주의자였고 내가 거래하는 주식들을 차트로 그리곤 했다.

신시어 : 당신은 스스로를 투자가라고 생각한 적이 있는가?

나사르 : 내가 볼 때 나는 한번에 며칠 혹은 몇주 동안 주식을 보유했기 때문에 투자가였다. 나는 일찍부터, 거의 처음부터 수익을 내기 시작했고 아주 빨리 돈을 벌기 시작했다. 그러다가 나는 모든 것을 안다고 생각한 후에 손실을 보기 시작했다.

신시어 : 이 분야에서 오래 일한 비결은 무엇인가?

나사르 : 내가 볼 때 그 비결은 겸손이다. 아까도 말했듯이, 나는 힘이 펄펄 넘치면서 모든 것을 안다고 생각했던 때가 있었다. 하지만 바로 그때 나는 그 어느 때보다 더 많은 돈을 잃었다. 시간이 지나면서 나는 겸손해야 돈을 벌 수 있음을 알게 되었다. 시장에서는 약간의 두려움이 당신에게 좋은 것이다.

신시어 : 사람들은 지금 그것이 없는 것 같다.

나사르 : 당신 말이 맞다. 내가 볼 때 두려움은 보통의 투자가나 온라인 투자가에게 적용되지 않고 있다. 그들은 시장을 너무 쉽게 생각한다. 그들은 이렇게 생각한다. "내가 무언가를 거래하는데 그것이 즉시 올라가지 않아도 몇주만 기다리면 다시 올라갈 것이다." 내가 볼 때 정말로 두려움을 아는 사람들은 단타 매매자들이다.

신시어 : 왜 그렇게 말하는가?

나사르 : 단타 매매자로서 우리는 상황이 급박하게 변할 수 있음을 잘 안다. 단타 매매자들은 항상 급작스런 불황 시장을 생각한다.

신시어 : 예를 들어줄 수 있는가?

나사르 : 어제는 하루 동안의 불황 시장을 잘 보여준 예였다. 나는 어제 내 사고방식을 이해하는 것이 중요함을 알았다. 나는 어제 사지 말아야 할 주식을 샀기 때문에 1만3천 달러의 손해를 보았다. 시장의 추세와 싸웠기 때문에 손해를 본 것이다. 내가 강조하고 싶은 것은, 매일같이 단타 매매를 하는 거래인들은 시장이 나쁠 때 어떻게 거래하는지 잘 안다. 우리는 하루의 관점에서 시장을 본다.

신시어 : 그러면 조정이나 불황 시장이 찾아올 때 단타 매매자들은 더 잘할 수 있다는 말인가?

나사르 : 나는 그럴 것이라고 굳게 믿는다. 그 점에 대해서는 의심의 여지가 없다.

신시어 : 왜냐하면 장기적인 투자가들은 영원히 주식을 보유한다고 생각하기 때문인가?

나사르 : 그렇다. 무언가 장기적인 투자가들에게 불리한 상황이 일어날 때, 그들은 참고 버티면 다시 회복될 것이라고 믿는다. 그래

서 우리는 당신의 처음 질문으로 돌아간다. 즉, 보통의 투자가는 시장에 대해 두려움을 느끼는가? 어느 정도는 그렇다고 할 수 있지만, 그들은 더 두려움을 느껴야 한다.

신시어 : 나는 당신이 주관한 어떤 세미나에서, 당신은 단타 매매를 여러 가지 전략으로 구분한다는 점을 알게 되었다. 당신이 보는 단타 매매는 무엇인지 얘기할 수 있는가?

나사르 : 내가 볼 때 단타 매매는 두 가지로 요약된다. 보다 기술적인 측면에서, 단타 매매자는 거래에 필요한 기술적 도구들을 갖추고 있어야 한다. 하지만 이것은 단타 매매자가 갖추어야 할 극히 일부분일 뿐이다. 단타 매매자는 무엇보다 넓은 시야를 갖추고 있어야 한다. 다시 말해 단타 매매자는 단타 매매, 초단타 매매, 스윙 거래, 그밖에 온갖 거래를 할 수 있어야 한다. 하지만 반드시 이 모든 거래를 해야만 하는 것은 아니다. 그중에서 자신에게 가장 잘 맞는 거래를 하는 것이 중요하다.

신시어 : 당신은 스스로 스윙 거래인이라고 생각하는가?

나사르 : 나는 스스로 팔방미인의 거래인이라고 생각한다. 대개의 경우 나는 지금 하는 것처럼 며칠 동안 주식을 보유한다. 지금 나는 신기술 업종의 주식 3000주를 갖고 있는데, 내가 이것을 갖고 있는 이유는 5일에서 10일이 지나야만 그 주식에서 나타날 수 있는 어떤

유형을 보고 있기 때문이다. 나는 또 뮤추얼 펀드에도 투자하는 등, 내 모든 돈을 단타 거래에만 집중시키지 않는다. 나는 한번도 그렇게 한 적이 없다. 나는 늘 그런 식으로 다각화(분산투자)를 한다. 나는 이렇게 다방면에 투자하는 것을 좋아한다. 하지만 나는 단타 매매자로서 주식을 매입한 후에 중간에 스윙 거래로 변하는 것은 좋아하지 않는다.

신시어 : 당신이 볼 때 초단타 매매는 가장 어려운 전략인가?

나사르 : 나는 그것이 가장 어려운 전략이라고 생각한다. 소프트웨어, 수수료, 그리고 세금의 비용을 감안할 때, 초단타 매매자는 단순한 손익분기점을 넘어야만 수익을 올릴 수 있다. 나는 단타 매매를 할 때 일반적인 거래보다 더 높은 수익 목표를 세운다. 하지만 그 주식이 중간에 마음에 들지 않는 방향으로 움직이면 재빨리 손을 턴다.

신시어 : 당신은 특정한 주식의 거래 결정을 어떻게 내리는가?

나사르 : 자료의 도움을 받아 직관적으로 결정한다. 내가 가장 좋아하는 방법은 각각의 가격대에서 특정한 주식이 얼마나 활발하게 거래되는지 보는 것이다. 그렇게 하면 특정한 주식의 특성을 잘 알 수 있다. 가령 어떤 주식이 85달러에서 87달러로 가격이 오른다고 생각해 보자. 이 주식이 85.5달러와 86.5달러 사이에서 상당히 활

발하게 거래된다면, 그것은 이 주식이 다음 가격대인 86.5~87달러 사이에서 어떻게 거래될지 많은 것을 알려준다. 나는 기세를 지켜보면서 그것이 강한 주식인지 약한 주식인지 알아내려 애쓴다. 그래서 나는 그 주식이 85.5~86.5달러 사이의 가격대에서 강한 주식임을 안다. 만일 이 주식이 그 가격대를 뚫고 상승한다면 상당히 강한 지지선을 갖게 될 것이다.

신시어 : 그러니까 당신은 가격대를 아주 세심하게 본다는 말인가?

나사르 : 나는 각각의 가격대에서 특정한 주식이 거래되는 양상을 두꺼움과 얇음으로 측정한다. 어느 가격대에서 특정한 주식이 빠르게 소진되면, 그것은 유동성이 크지 않기 때문에 얇은 주식이다. 예를 들어 어떤 주식이 85달러와 86달러 사이에서 거래된다고 생각해 보자. 이 주식이 85달러를 시작으로 85달러 1/8, 1/4, 3/8, 그리고 1/2을 거쳐 86달러에 이르기까지 모든 가격대에서 금방 소화된다면, 이 주식은 각각의 가격대에서 유동성이 그렇게 크지 않다. 반면에 두꺼운 주식의 좋은 예가 마이크로소프트이다. 이 주식은 각각의 가격대에서 엄청난 거래량이 있어야만 다음 가격대로 이동한다. 그래서 이 주식은 아주 두꺼운 주식이다. 어떤 주식이 그런 가격대에서 빠르게 소진된다면, 그것은 느리게 소진되는 경우보다 상대적인 힘이나 약함에 대해 많은 것을 시사한다.

신시어 : 그렇다면 당신은 거래량을 중요하게 여기는가?

나사르 : 그렇다. 거래량은 주식이 뜨게 만드는 연료의 역할을 한다. 거래량은 유동성을 나타낸다. 그것은 얼마나 많은 거래가 일어날 것인지 얘기한다. 가령 당신이 1만 주의 주식을 15달러 1/8의 가격으로 팔려고 하는데 매수세가 높은 거래량을 수반하고 유입되어 그 모든 주식을 흡수한다고 생각해 보자. 거래가 빠르게 일어날수록 각각의 가격대에서 그 주식은 빠르게 소진된다. 수요가 공급을 초과하기 때문에 주가는 상승한다. 거꾸로 말해서, 이제 당신이 1만 주의 주식을 15달러 1/8의 가격에 팔려고 하는데 매수세가 아주 느리게 유입된다고 생각해 보자. 이제 당신은 이렇게 얘기한다. "어제 나는 1만 주의 주식을 15달러 1/8의 가격에 팔았는데, 오늘은 똑같은 주식을 똑같은 가격에 팔려 해도 매수세가 거의 유입되지 않는다." 거래량이 줄어든 것이다. 매도자로서 당신은 재고를 처분하기 위해 가격을 낮추어야 할지를 고민한다. 당신은 시장에 들어오는 매수세의 힘, 다시 말해 매수자들의 힘을 알고 싶어한다. 그리고 이것은 거래량으로 측정된다.

신시어 : 어떤 거래인들은 가격만이 유일한 요인이라고 얘기한다. 당신은 어떻게 생각하는가?

나사르 : 내가 볼 때 가격만을 보는 거래인은 좋은 거래인이 되기 어렵다. 내가 좋아하는 시장의 이론을 소개하겠다. 주식 시장은 간단하게 말해서 인과 관계이다. 주가를 움직이는 원인은 수요과 공급의 불균형이다. 그리고 그와 같은 불균형으로 인해 가격의 변동이

일어나는 것이다. 가격 변화에 반응하는 거래인은 이미 뒤처진 것이다. 각각의 가격대에서 주식이 얼마나 빠르게, 얼마나 많은 물량으로 거래되는지 알아내서 수요과 공급의 불균형을 추정하는 거래인은 매도세나 매수세로 인한 불균형이 어디에서 나타나는지 알아낸다. 매도세가 매수세를 능가하면 주가는 떨어진다. 반대로 매수세가 매도세를 능가하면 주가는 올라간다. 이와 같이 수요과 공급의 불균형에 반응하면 남보다 앞서 좋은 거래를 할 수 있다.

신시어 : 당신이 볼 때 거래에 관한 가장 좋은 조언은 무엇인가?

나사르 : 이것은 그렇게 특별한 대답은 아니지만, 내가 볼 때 거래에 관한 가장 좋은 조언은 "손절매를 하라"는 것이다. 이것은 말하기에 쉽고 모두가 그렇게 말하지만, 실제로 배우고 실천하기는 그렇게 쉽지 않다. 이것은 당신이 배울 수 있는 가장 소중한 교훈의 하나이다.

신시어 : 그렇다면 당신은 어떻게 손절매를 하는가?

나사르 : 시장에 대한 해석을 이론적으로 받아들여 8%, 2%, 혹은 0.5%로 손절매를 한다면, 그것은 좋은 방법이 아니다. 시장은 그렇게 이론적이지 않기 때문이다. 나는 손절매를 할 때 해당 주식의 특성, 시장의 기세, 그리고 아까 얘기한 매도세와 매수세 등을 고려해서 한다. 그것은 각각의 주식마다 다르게 나타날 수 있다.

신시어 : 하지만 당신은 손절매를 할 때 무언가 일반적인 기준이 있을 것 아닌가?

나사르 : 나에게도 일반적인 기준은 있다. 예를 들어 나는 단타 매매로 하루에 1만 달러 이상을 잃고 싶지 않다. 하지만 나는 언제 거래를 끝내야 하는지 이미 아는 경우가 많다. 나는 특히 수요과 공급의 균형이 맞지 않다고 판단하면 거래를 끝낸다. 수요보다 공급이 많을 때는 당연히 주식을 팔아야 한다. 가격이 떨어질 것이 뻔한데 왜 주식을 갖고 있는가?

신시어 : 당신은 손절매 말고 또 어떤 식으로 위험을 줄이는가?

나사르 : 나는 늘 시장에 들어가기 전에 언제 나와야 하는지 잘 알고 있다. 사람들은 한 가지 방향으로만 생각하는 경향이 있다. 다시 말해 그들은 손절매에 대해서만 생각한다. 내게 있어 위험 관리는 사실 거래할 주식을 고를 때부터 시작된다. 예를 들면 아주 얇은 주식인 CMGI를 거래할 것인가, 아니면 더 안정된 썬마이크로시스템즈 같은 주식을 거래할 것인가? 먼저, 상당한 변동성이 있지만 통제가 가능한 주식을 거래하라. (나는 늘 사람들에게 통제가 불가능한 기업공개 주식은 거래하지 말라고 얘기한다.) 일단 거래를 시작하면, 다음 단계의 위험 관리는 똑같은 원칙과 절제심을 유지하는 것이다. 그것이 단타 매매라면 단타 매매를 해야 한다. 그것을 장기적인 투자 같은 다른 방식의 거래로 바꾸지 말아야 한다. 처음에 정한

원칙을 지키고 절제심을 발휘해야 한다.

신시어 : 다시 말하면, 애초에 그 주식을 왜 샀는지 알아야 한다는 말인가?

나사르 : 그렇다. 그리고 특정한 거래를 얼마나 오래 동안 할 것인지 알아야 한다. 나는 단타 매매를 해야 할지 스윙 거래를 해야 할지를 안다. 나는 거래를 시작하기 전에 그것을 분명히 한다. 나는 스윙 거래를 할 때 가능한 거래량을 적게 한다. 단타 매매를 할 때는 많은 물량을 거래하지만 빨리 처분한다. 나는 처음에 정한 원칙을 지킨다.

신시어 : 어떤 사람들은 스윙 거래가 하루 이상 주식을 보유하기 때문에, 특히 신용 거래인 경우에는 너무 위험한 것이라고 얘기한다. 당신도 같은 생각인가?

나사르 : 신용 거래인 경우에는 그렇지만, 다른 경우에는 반드시 그렇지도 않다. 시장의 외적인 위험은 통제할 수 없는 것이기 때문에, 당신이 할 수 있는 것을 통제해야 한다. 대개는 그것이 당신이 하는 거래의 물량과 시간대이다.

신시어 : 당신은 물량과 시간대를 어떻게 통제하는가?

나사르 : 물량과 시간대는 두 가지 위험 요소이다. 거래하는 물량이 클수록 위험은 높아진다. 그리고 시간대가 길수록 시장의 위험에 노출되는 시간도 길어진다. 따라서 이 두 가지 요인을 적절하게 조화시켜야 한다. 더 오랜 기간 동안 시장에 들어가 있을 때 어떻게 위험을 줄이는가? 그럴 때는 물량을 적게 가져가야 한다. 반면에 단타 매매를 하면서 시장을 빠르게 들락거릴 때는 이미 시간대를 줄임으로써 위험을 낮춘 것이 된다. 따라서 이럴 때는 물량을 늘려도 위험은 크게 늘지 않는다.

신시어 : 당신은 사람들이 신용 거래를 해야 한다고 믿는가?

나사르 : 내가 볼 때 2:1 신용은 전문적인 거래인들에게 수용이 가능한 것이다. 하지만 신용 거래보다 위험 관리가 더 큰 문제이다. 내가 볼 때 중요한 것은 돈이기보다 거래의 원칙이다. 단돈 1달러를 훔쳐도 도둑은 도둑이다. 반드시 100달러를 훔쳐야만 도둑인 것은 아니다. 다만 액수에 차이가 있을 뿐이다. 어쩌면 다소 철학적인 얘기일 수 있지만, 신용 거래를 한다고 거래 방식이 달라져서는 안 된다. 현금으로 거래하건 신용으로 거래하건, 그것은 핵심적인 사항이 아니다. 하지만 대부분의 사람들은 2:1 이상의 신용을 사용해서는 안될 것이다.

신시어 : 이번에는 얘기를 바꿔서, 당신은 언제 수익을 챙겨야 하는지 어떻게 아는가?

나사르 : 그것은 손절매를 언제 해야 하는지 아는 것과 같다. 즉, 매입한 주식이 더 이상 잘 나가지 않고 내가 기대한 대로 움직이지 않을 때다. 다시 말하면, 나는 들어가는 이유와 나오는 이유가 같다. 그것은 손실이나 수익의 문제가 아니다. 그것은 반응을 지켜보는 것의 문제이다. 아직도 그 주식에 힘이 있고 매수자들이 계속해서 들어온다면, 그곳에는 힘이 있고 나는 수익을 더 높게 잡는다.

신시어 : 예를 들어줄 수 있는가?

나사르 : 예를 들어 어떤 주식이 내가 원하는 대로 1포인트 오르다가 힘이 약해져 다소 빠지기 시작한다고 생각해 보자. 나는 가격이 그보다 한두 단계 더 낮아질 때 새로운 지지선, 그러니까 더 높은 고점이나 더 높은 저점을 찾을 수 있는지 본다. 그 주식의 가격이 더 낮아져도 그것이 이전 저점보다 더 높은 저점이라면, 나는 더 높아지는 지지선을 본다고 생각하기 때문에 주식을 팔지 않는다.

신시어 : 비유를 든다면?

나사르 : 그것은 푸시업(push-up)을 하는 것과 비슷하다. 처음 운동을 할 때 당신은 푸시업을 50회밖에 하지 못한다. 그로부터 일주일 후, 당신은 그것을 100회까지 할 수 있다. 당신은 점점 더 강해지면서 점점 더 많은 푸시업을 한다. 하지만 결국에는 한계에 다다르게 된다. 그렇지만 당신은 매일같이 더 높은 한계점에 도달한다.

그래서 나는 그 더 높은 한계점에 도달할 때까지 기다린다. 그 주식이 85달러에서 84달러 1/2까지 떨어져도 그 84달러 1/2 수준을 잘 버틴다면, 나는 반드시 주식을 처분하지는 않는다. 나는 기꺼이 그 1/2 포인트의 하락 위험을 감수하고 그 가격대에서 얼마나 잘 버티는지 보려 한다. 왜 그런가? 그 가격대에서 잘 버틴다면, 그 주식은 다시 상승세를 타면서 85달러 1/2이나 86달러의 새로운 고점에 도달할 가능성이 높기 때문이다. 그래서 나는 내 주식이 힘을 낼 기회를 주려 한다.

신시어 : 단기 거래의 초보자들에게 해주고 싶은 말이 있는가?

나사르 : 그렇다. 천천히 시작하라! 더 긴 시간대로 시작하고 점점 더 적극적으로 거래하라. 처음에는 하루에 50회의 거래를 하지 말라. 그렇게 많은 거래를 하면 너무나 많은 감정에 휘말리게 된다. 처음에는 하루에 두어 차례 거래를 하고 조금씩 회수를 늘려나가라. 그리고 감정에 익숙해져라. 일단 그 과정을 거치면서 차츰 거래에 익숙해지면, 그때는 좀더 편안하게 거래를 할 수 있다. 중요한 것은 성공보다 생존이다. 빨리 돈을 벌겠다는 욕심에 무리한 거래를 해서는 안 된다. 처음에는 생존을 목표로 삼아야 하고, 일단 거래에 익숙해지면 돈을 버는 법을 배울 수 있다.

린다 B. 라쉬케
Linda Bradford Raschke

린다 B. 라쉬케는 등록된 현물 거래 조언가이며 LBR 그룹의 사장이자 '워터마크 펀드'의 이사 겸 수석 거래인이다. 그녀는 또 금속 시장에서 상업적인 헤징 프로그램도 운영한다. 단기 거래에 대한 베스트셀러를 쓰기도 했던 린다 B. 라쉬케는 전국에서 세미나와 워크숍을 주관하면서 거래인들의 기술적인 분석 능력 개발을 돕기도 한다.

마이클 신시어 : 당신은 처음에 어떻게 단타 매매를 하게 되었는가?

린다 B. 라쉬케 : 나는 처음에 '태평양 연안 주식 거래소'의 객장에서 시작했는데, 그곳에서 나는 주식 등의 옵션 거래를 했다. 나중에 '필라델피아 연안 주식 거래소'의 객장에서 일했는데, 그곳에서도 주식 등의 옵션 거래를 했다. 내가 그랬듯이 객장에서 거래를 하는 전담자들은 하루에 1000 티켓을 매수한다. 그래서 객장의 거래인은 그 정의상 단타 매매자가 될 수밖에 없다. 사실 "단타 매매자(day trader)"는 잘못된 용어이다.

신시어 : 왜 그렇게 말하는가?

라쉬케 : 내가 볼 때 요즘 언론에서 사용하는 "단타 매매자"란 용어

는 하루 이상 주식을 보유하지 않거나 초단타 매매를 하는 사람들만을 가리키는 것 같다. 하지만 실제로는 내가 아는 모든 전문 거래인들, 이를테면 수십억 달러를 관리하는 대규모 CPA들도 단타 매매를 한다. 내가 볼 때 사람들이 알지 못하는 사실은, 전문적인 거래인들의 90%는 거래마다 평균 보유 시간이 극히 짧다는 것이다. 전문가들의 절대 다수는 대부분의 거래를 초단타 매매 관점에서 하고 있다. 전문적인 거래인으로서 성공하려면 아주 짧은 시간대에서 거래를 할 수 있어야 한다.

신시어 : 단타 매매가 하루 이상 포지션을 갖지 않는 거래를 뜻하는 것이라면, 당신은 자신이 하는 그런 거래를 어떻게 부르겠는가?

라쉬케 : 내가 하는 거래 중에서 일부는 3분간 지속되는 S&P 거래들이며, 나는 또 다른 거래들도 하고 있다. 이를테면 채권 거래 같은 것인데, 이와 같은 거래는 2주 동안 지속될 수도 있다. 나는 그 동안 주식 거래를 하면서 어떤 것은 5분 동안, 어떤 것은 3개월 동안 갖고 있었다. 나는 기본적으로 스윙 거래인으로 알려져 있다. 왜냐하면 나는 그런 거래를 하기 때문이다. 하지만 그 모든 것은 사실 용어의 선택에 불과하다. 나는 기본적으로 스스로를 단기적인 거래인으로 생각할 뿐이다.

신시어 : 당신은 펀더멘탈 자료들에 의존하는 경우가 있는가?

라쉬케 : 아니다. 나는 가격에만 의존한다.

신시어 : 거래량은 어떠한가?

라쉬케 : 나는 거래량도 보지 않는다. 여러 가지 패턴은 가격과 관련되어 있다. 나는 그렇게 많은 정보를 볼 시간이 없다. 거래량은 일일 차트를 분석할 때는 중요하지만, 나는 그냥 거래 양상을 보면서 시장에 거래량이 있는지 없는지 직감으로 알아낸다. 그래서 나는 거래량은 거의 보지 않는다.

신시어 : 당신은 왜 스윙 거래를 좋아하는가?

라쉬케 : 스윙 거래는 위험이 가장 적은 거래라고 할 수 있다. 스윙 거래는 장기적인 예측이나 전망을 할 필요가 없기 때문이다. 스윙 거래는 아주 짧은 시간대의 가격만을 예측하면 된다. 차트를 보면 파도나 지그재그 같은 패턴이 계속해서 나타나는 것을 알 수 있다. 스윙 거래는 그와 같은 패턴을 예측하려는 것에 불과하다. 그뿐이다! 그런데 이것은 1분 차트, 일일 차트, 혹은 일주일 차트를 보고 거래하건 같다. 그래서 당신은 S&P 주식들의 스윙 거래를 할 수 있으며, 그것을 1분 차트에 의존할 때 당신이 하는 거래의 평균적인 시간은 3분이 될 수도 있다. 당신은 일주일 단위로 주식의 스윙 거래를 할 수 있으며, 그럴 때 당신은 3주 동안 주식을 보유할 수 있다. 스윙 거래는 당신이 거래하는 데 사용하는 시간의 양과는 전혀

상관이 없다. 전통적인 기술적 분석을 연구하는 거래인이면 누구든지 모든 스윙 거래인들은 차트에서 다음번의 파도나 지그재그를 찾으려 한다는 점을 잘 안다. 가령 5분 짜리 차트는 일일 차트와 같은 모습이 될 수 있다…다만 그곳에는 지그재그가 아주 많을 뿐이다. (swing이란 말은 원래 '그네'라는 뜻임)

신시어 : 그것은 당신이 무엇을 거래하건 상관이 없는 것 같다. 정말로 그런가?

라쉬케 : 그렇다. 나는 시간 단위의 차트를 보건 일일 차트를 보건 다음번의 패턴을 찾으려 애쓴다. 설사 그것이 옥수수라 해도 상관이 없다. 예를 들어 현재 옥수수의 거래 가격은 1.95달러에서 2.05달러일 수도 있는데, 이것은 정말로 싼 가격이다. 앞으로 6개월이 지나면 옥수수의 가격이 다시 3달러가 될지 누가 알겠는가? 하지만 나는 그냥 다음번의 작은 가격 변화만을 활용하려 애쓴다.

신시어 : 당신이 거래를 피하는 특정 분야가 있는가?

라쉬케 : 그렇지는 않다. 나는 무엇이든 거래할 수 있다!

신시어 : 왜 당신은 스윙 거래가 다른 종류의 거래보다 덜 위험하다고 보는가?

라쉬케 : 스윙 거래는 구체적으로 위험 수준을 정할 수 있기 때문에 위험이 가장 낮은 거래이다. 일반적으로 말해서, 스윙 거래를 할 때는 이전의 저점이나 고점을 손절매나 수익 실현의 수준으로 정할 수 있다.

신시어 : 당신은 하루에 얼마나 많은 거래를 하는가?

라쉬케 : 나는 하루에 6~8 차례의 거래를 하며, 이것은 서로 다른 시장에서 일어날 수도 있다. 나는 하루에 3~4 차례의 S&P 거래를 하고, 채권 시장에서도 거래를 하며, 외환 시장에서도 거래를 하는 경우가 있다. 이렇게 나는 여러 가지 거래를 할 수 있다.

신시어 : 당신은 하루에 수백 번의 거래를 하는 사람들을 어떻게 생각하는가?

라쉬케 : 내 목표는 앞으로 10년 후에 살아남아서 인생을 즐기는 것이다. 나는 3년만에 모든 것을 까먹고 빈털터리가 되고 싶지 않다. 당신이 24세로서 에너지가 넘친다면 멋진 일일 것이다. 하지만 50세가 된다면 그렇게 할 수 없을 것이다. 내가 볼 때 오랫동안 거래를 한 사람들, 적어도 내가 아는 프로 거래인들은 처음 거래를 시작했을 때처럼 그렇게 활발하게 거래하지는 않는다고 얘기할 것이다. 나이가 들면 좀더 조심스럽게 되지 않을 수 없다. 당신은 하루를 시작하면서 제한적인 에너지만을 갖고 시작한다. 너무 많은 거래를

하면 제대로 하기가 어렵다.

신시어 : 당신은 1/16이나 1/8 포인트의 수익을 노리는 스캘핑(scalping) 거래를 하는가?

라쉬케 : 아니다. 그런 게임은 오래 갈 수가 없다. 아주 활발한 시장에서는 그렇게 할 수도 있을 것이다. 하지만 불황 시장에서는 그렇게 할 수 있는 사람이 거의 없다. 예를 들어 92년이나 94년에는 그런 게임을 할 수가 없었을 것이다. 그리고 앞으로도 그런 게임은 할 수 없을 것이라고 나는 확신한다. 우리는 다음과 같은 격언을 기억해야 한다. "호황 시장에서는 바보도 돈을 벌 수 있다."

신시어 : 따라서 시장이 불황이나 조정을 겪게 되면 그런 사람들은 사라지게 되는가?

라쉬케 : 굳이 시장이 불황을 겪지 않아도 그렇게 된다. 보다 정상적인 거래 패턴을 보이는 시장, 추가로 들어올 돈이 그렇게 많지 않은 시장, 혹은 약간의 자금 부족을 겪는 시장만 되어도 그렇게 된다.

신시어 : 그렇게 된다면 당신은 거래 전략을 바꿀 것인가?

라쉬케 : 전혀 그렇지 않다. 나는 거래를 하면서 작은 게임을 하지 않는다. 나는 정말로 거칠고 멋진 인플레 환경을 보고 싶다. 그러

면 나는 상당한 돈을 벌 수 있을 것이다.

신시어 : 당신은 오랫동안 거래를 해왔다. 무엇이 당신을 그렇게 성공적인 거래인으로 만들었나?

라쉬케 : 내가 볼 때 나는 아주 끈질기고, 나는 많은 시간을 투입한다. 나는 또 거래를 할 때 감정을 배제하는 데도 능숙하다.

신시어 : 조금만 더 가보자. 당신이 볼 때 성공적인 거래인의 특성은 무엇인가?

라쉬케 : 내가 볼 때 가장 성공적인 거래인은 아주 활발하게 거래하는 경향이 있다. 물론 우리는 하루에 300 차례의 거래를 하는 스캘퍼(scalper) 거래인은 아니다. 하지만 우리도 많은 거래를 한다. 가령 우리는 일주일에 두 차례의 거래가 아니라 20 차례의 거래를 한다. 좋은 거래인은 또 지지선과 저항선을 늘 주시하며 가격에 더 관심을 갖는다. 좋은 거래인은 여러 지표들보다 가격에 더 중점을 둔다. 대부분의 성공적인 거래인은 머릿속에 개념을 정리하는데도 아주 능숙하다. 그들은 또 어떻게 손실을 안아야 하는지 잘 안다. 그들은 오랜 기간 동안 실적이 좋지 않으면 아주 짧은 기간에 그것을 만회하기 위해 무척 애를 쓴다.

신시어 : 당신은 어떤 식으로 손실을 만회하는가?

리쉬케 : 당신은 그냥 다시 그곳에 들어가 아주 공격적으로 거래를 해야 하고, 가능한 한 감정을 배제해야 한다. 당신은 돈을 잃어서 화가 날 수도 있고 이제는 손실을 만회하려 한다. 하지만 그것을 감정적으로 하면 다시 그곳에 들어가 싸울 수가 없다. 다시 그곳에 들어가 싸우려면 감정을 배제하고 냉정해야 한다.

신시어 : 당신은 대개 손실을 만회하는 데 얼마나 걸리는가?

리쉬케 : 예를 들어 내가 이틀 동안에 10만 달러의 손실을 보았다고 하자. 나는 그것을 일주일만에 회복할 수도 있다. 당신은 다시 그곳에 들어가 싸워서 바로 만회를 해야 한다. 대부분의 성공적인 거래인은 아주 빠르게 다시 들어간다.

신시어 : 그러니까 당신은 손해를 볼 때 더 열심히 싸우는가?

리쉬케 : 그렇다. 당신은 손해를 볼 때 더 나은 거래인이 될 수 있다. 훨씬 더 조심하게 되고, 훨씬 더 세심하게 거래를 하고, 자신을 한 단계 더 높이게 된다. 당신은 운으로 수익을 낼 때 자만심을 갖게 된다. 약간의 돈을 벌었기 때문에 특별하게 노력할 필요가 없어진다. 다시 말해 당신은 손해를 보거나 실적이 부진할 때 그것을 만회하려고 힘을 내게 된다. 이것은 거래인이 큰 손실을 볼 때 강력한 동기로 작용한다. 일단 손실을 만회하면 다시 그렇게 할 수 있다는 자신감이 생긴다. 말하자면 당신은 졸업을 하게 되는 것이다. 이제

당신은 학위를 받은 것이고 전문가가 된 것이다.

신시어 : 당신은 누구와 경쟁하는가? 자신인가, 남들인가?

라쉬케 : 나 자신과 경쟁하는 편이다. 나는 늘 자신과 경쟁하려 애를 쓴다. 나는 자신과 경쟁하면서 지난 달보다 이번 달에 더 잘하는지, 혹은 지난 해보다 이번 해에 더 잘하는지 보려 한다. 물론 나도 두세 명의 다른 거래인들과 경쟁한다고 얘기할 수 있지만, 기본적으로 내 자신의 기록과 경쟁을 한다.

신시어 : 당신은 아주 자세하게 기록을 하는가?

라쉬케 : 나는 2,3년 동안 아주 자세하게 기록할 때도 있었고, 어떤 해에는 다소 느슨하게 기록을 하는 때도 있었다. 그렇지만 나는 늘 보다 자세하게 기록을 할 때 더 좋은 실적을 낸다고 생각한다.

신시어 : 당신은 어떻게 위험을 줄이는가?

라쉬케 : 음, 위험을 줄이는 데는 두어 가지 방식이 있다. 첫번째 방식은 당신이 사용하는 레버리지(leverage)를 잘 아는 것이다. 나는 대부분의 거래를 선물 시장에서 하기 때문에 본질적으로 더 많은 레버리지를 사용한다. 때로 사람들은 과도하게 레버리지를 사용해 곤경에 처하곤 한다. 두번째 방식은 짧은 기간 동안 시장에 들어가

있는 것이다. 시장에 들어가 있는 시간이 짧을수록 위험에 노출되는 기간은 짧아진다.

신시어 : 하지만 그것은 하루 동안 거래한다는 뜻이 아닌가?

라쉬케 : 반드시 그런 것은 아니다. 그것은 5분이 될 수도 있다. 그 시간에도 어떤 일이든 일어날 수 있다. 어쨌든 일반적으로 얘기하면, 시장에 들어가 있는 시간이 길수록 위험에 노출되는 시간은 길어진다.

신시어 : 다른 사람들은 그와 정반대의 얘기를 할 것이다. 그들은 시장에 들어가 있는 시간이 길수록 위험은 줄어든다고 얘기할 것이다. 그들은 가령 3년이나 5년 동안 시장에 있어야만 돈을 벌 수 있다고 얘기한다.

라쉬케 : 하지만 그런 사람들은 전문적인 거래인이 아니다. 어쩌면 그것이 거래인(trader)과 투자가(investor)의 차이일지 모른다. 이것은 아주 큰 차이일 수 있다. 나는 20년 이상 경력의 전문 거래인이 그렇게 말하는 것을 들은 적이 없다.

신시어 : 당신은 차트에 얼마나 크게 의존하는가?

라쉬케 : 이제는 전보다 차트에 더 많이 의존하는 편이다. 하지만

내가 거래를 할 때는 그렇지 않다. 나는 하루 동안 거래를 할 때 기본적으로 가격에 의존한다. 수많은 차트를 분석하면서 거래에 집중하기는 어려운 일이다. 나는 대개 가격을 보고 판단한다. 나는 50~80개의 시장을 관찰하는데, 내가 보는 시장은 다우 지수, 운송, 석유, 채권, 그밖에 등등이다. 나는 이 모든 시장들의 가격을 한꺼번에 볼 수 있다. 나는 그런 식으로 거래를 해왔다. 내가 객장에서 일하던 80년대에는 차트 분석 프로그램이 없었다. 당시에는 모든 것이 원시적이었다. 그래서 차트를 만드는 것은 쉽지 않았다. 우리는 그때 차트 서비스 업체에서 매주 차트를 우편으로 받아 밤을 새우며 수작업으로 갱신하곤 했다. 나는 그런 일을 10년쯤 했다. 이제 나에게는 차트 분석 프로그램과 자료 수집 소프트웨어가 여럿 있다. 그래서 하나가 작동하지 않으면 다른 것으로 대신할 수 있다.

신시어 : 당신은 컴퓨터나 인터넷을 사용해 자료를 조사하거나 거래 정보를 얻는가?

라쉬케 : 그렇지는 않다. 컴퓨터는 그냥 들어오는 자료를 처리하고 체계화할 수 있기 때문에 사용하고 있을 뿐이다.

신시어 : 거래에 대해 당신이 아는 것을 다른 사람들에게 가르칠 수 있는가?

라쉬케 : 그렇다. 나는 그것을 주말에 가르칠 수도 있다. 나는 사람

들에게 내가 사용하는 기본적인 도구를 2시간이면 가르칠 수 있다. 하지만 실제로는 그보다도 많은 것을 알아야만 한다. 가격이 움직이는 방식에는 아주 많은 미묘함과 뉘앙스들이 있다. 예를 들어 가격은 연중의 서로 다른 시간에 서로 다르게 반응한다. 이를테면 분기말이나 휴가 기간이나 호황 시장이나 불황 시장 등이다. 거래인은 온갖 종류의 미묘한 것들을 경험으로 배워야만 한다. 무엇을 보아야 할지 사람들에게 얘기할 수는 있지만, 사람들이 그것에 숙달하려면 수많은 반복 경험을 통해 자기 것으로 만들어야 한다.

신시어 : 통계에 따르면 80%, 혹은 그 이상의 사람들은 단기적인 거래에서 돈을 잃는다고 한다. 그들은 실패하는데 당신과 그밖에 다른 사람들은 왜 돈을 번다고 생각하는가?

라쉬케 : 내가 볼 때 실패율은 95%에 달할 것이다. 그리고 이유는 여러 가지가 있다. 자존심과 감정 같은 것이 작용한다. 사람들은 고집을 부린다. 그들은 어떻게 손실을 안아야 하는지 알지 못한다. 그들은 방아쇠를 당겨 거래를 감행하는 데 두려움을 느낀다. 이런 것은 모두가 심리적인 문제이다. 가장 나쁜 적은 당신 자신이다.

신시어 : 그러니까 당신이 말하는 것은 기본적으로, 누구든지 그런 방식은 배울 수 있지만 성패를 좌우하는 것은 감정이란 점인가?

라쉬케 : 그렇다. 감정을 통제하지 못하는 사람은 성공을 거둘 수가

없다.

신시어 : 당신은 스스로 정한 일련의 거래 규칙이 있는가?

라쉬케 : 그와 같은 규칙이 무엇인지는 거래인이면 누구든지 알고 있을 것이다. 당신은 손실이 너무 커지지 않게 해야 한다. 그리고 손해가 나는 거래에 물타기를 하지 말아야 한다. 이런 것은 아주 기본적인 규칙들이다. 게임에 임할 준비가 되어 있지 않다면 거래를 시작하지 말아야 한다. 그렇지 않으면 지치거나 싫증을 느끼게 된다. 그리고 시장과 싸우지 말아야 한다. 시장과 맞서 싸우는 것은 정말로 어리석은 짓이다.

신시어 : 그밖에 또 어떤 것들이 있는가?

라쉬케 : 음, 그 다음에는 다소 임의적인 것들이 있다. 이런 것들은 사람마다 다를 수 있다. 예를 들면 당신은 이상하게도 장 막판에 손해를 보는 경향을 보일 수도 있다. 그러면 당신은 다음과 같은 규칙을 만들 수 있을 것이다. "장 막판에는 절대로 거래를 하지 말라." 이런 식으로 자신을 연구하면서 자기만의 특성을 파악해야 한다. 가령 내 경우에는 분기의 마지막 날에는 거래를 하지 않으려 한다. 이상하게도 나는 분기의 마지막 날에는 손해를 보는 것 같기 때문이다.

신시어 : 당신은 미리 준비를 하는 것이 중요하다고 얘기했다.

라쉬케 : 그렇다. 그것은 아주 중요하다. 나는 매일 밤 한 시간 정도 다음날의 계획을 짜곤 한다.

신시어 : 그런 계획에는 어떤 것이 들어가는지 간단하게 말해줄 수 있는가?

라쉬케 : 거래가 있기 전날 밤에 나는 내가 거래하는 시장들을 일일이 검토한다. 그러면서 나는 다음날 매수할 것인지 매도할 것인지 결정한다. 어떤 시장들은 특별한 변화가 없기 때문에 그냥 내버려 둔다. 하지만 어떤 시장들은 반드시 들어가야 한다. 나는 기본적으로 다음날 매수자가 될 것인지 매도자가 될 것인지를 결정하고, 그와 같은 매수나 매도의 특정한 가격은 얼마인지 정하려 애를 쓴다.

신시어 : 당신은 공매도를 자주 하는가?

라쉬케 : 내가 버는 돈의 70% 가량은 공매도에 의한 것으로 보인다. 다만 현물 시장의 경우에는 정상적인 거래가 70% 가량 될 것이다.

신시어 : 거래에 관해서 당신이 아는 가장 좋은 조언은 무엇인가?

라쉬케 : 내가 아는 가장 좋은 조언은 하나의 포지션에 절대로 과도

하게 자금을 넣지 않는 것이다. 다시 말하면 유동성을 늘 염두에 두어야 한다. 사람들은 시장에 들어가는 것이 언제나 쉽다는 점을 잘 이해하지 못한다. 하지만 당신이 들어가는 시장에 유동성이 부족하다면, 특히 꼭 나와야 할 때 나오는 것은 아주 어렵다. 사람들은 종종 그런 식으로 아주 큰 손실을 입는다. 그러니까 유동성이 부족한 시장에서 큰 손실을 입는 것이다. 관심과 거래량이 낮은 시장에서 큰 포지션을 갖는 것은 위험한 일이다.

신시어 : 단기 거래의 초보자들에게 해주고 싶은 말은 무엇인가?

리쉬케 : 무엇보다 하나만 잘하면서 너무 많은 것을 한꺼번에 하려는 태도를 버려야 한다. 냉정과 침착을 잃지 말고 매일 밤 숙제를 해야 한다. 그리고 현실적인 목표를 세워야 한다. 설사 손해를 보더라도 매일같이 경험을 얻는다는 점을 알아야 한다. 때로는 용기를 내어 거래를 했다는 사실에 스스로 자부심을 느끼는 것도 필요하다.

올리버 벨레즈
Oliver Velez

올리버 벨레즈는 단기 거래인들을 위한 미국의 유명한 온라인 교육 서비스 업체 프리스틴 닷컴(Pristine.com)의 공동 창업자 사장이다. 이 분야의 책을 쓰기도 한 그는 14년의 성공적인 단타 경험으로 많은 사람들로부터 강연 요청을 받고 있다.

마이클 신시어 : 처음에 어떻게 단타 매매를 하게 되었는가?

올리버 벨레즈 : 사실 나는 13년 전에 내가 시작한 투자 클럽 때문에 처음으로 주식을 거래하게 되었다. 대부분의 사람들처럼 나도 처음에는 펀더멘탈 관점에서 시장을 보면서 시작했다. 하지만 시간이 지나면서 나는 점차 그와 같은 방식에 환멸을 느끼게 되었다. 그것은 오늘 주식을 사서 몇년 동안 잠을 자고 일어나면 돈을 벌게 된다는 이론이었다. 그러나 내가 볼 때 그와 같은 방식으로는 기회를 잡을 수가 없었다. 그래서 나는 시간이 갈수록 점점 더 투자의 간격을 좁게 잡았다. 결국 나는 이틀에서 5일, 때로는 이틀에서 10일의 기간으로 주식을 거래하게 되었다.

신시어 : 그러니까 당신은 처음에 장기적인 투자가로서 시작했는데, 그것은 당신이 하는 단타 매매에 어떻게 도움을 주었는가?

벨레즈 : 그것은 내가 기술적인 접근법이 얼마나 중요하고 우월한 것인지 깨닫는 데 도움을 주었다. 나는 처음에 회계사로서 사회 생활을 시작했는데, 어쩌면 그래서 시장을 기술적인 관점에서 보게 되었는지 모른다. 회계사로서 내가 주위에서 듣는 얘기는 펀더멘탈 분석에 존경심을 잃게 만들었다. 나는 또 펀더멘탈은 단기적인 거래를 할 때 별 의미가 없는 것임을 알게 되었다. 가장 좋은 회사도 단기적으로는 펀더멘탈 측면에서 약할 수 있다는 사실을 우리 모두 잘 안다. 그리고 펀더멘탈이 아무리 나쁜 회사라도 단기적으로는 좋은 시기를 보낼 수 있다.

신시어 : 당신은 기술적인 분석을 장기적인 투자에도 적용할 수 있다고 보는가?

벨레즈 : 물론이다. 나는 그렇게 할 수 있다고 믿는다. 기술적인 분석은 정말로 중요한 것을 측정하기 때문이다. 펀더멘탈 성격의 정보가 주가를 움직이는 것은 아니다. 예를 들어 실적 발표는 그 자체로서 주가를 움직이지 못한다. 다만 그것은 가격 변동의 촉매제로 작용하는 심리적이고 감정적인 요인들을 자극할 뿐이다. 주가를 움직이는 것은 특정한 정보에 대한 사람들의 반응이다. 그래서 기술적인 분석은 행동의 원인을 보지 않고 행동 자체를 보려 한다. 이렇게 하는 것이 가격 변화를 짚어내는 보다 직접적인 방식이기 때문이다.

신시어 : 기술적 분석에 대한 한 가지 비판은 그것이 과거만 보면서 미래는 보지 않는다는 점이다.

벨레즈 : 기술적인 분석은 의사가 환자의 심장을 검사하거나 심장병 전문의가 수술을 할 때와 다르지 않다. 심장병 전문의는 수술을 할 때 환자의 심장을 현재의 상태에서 보고 그것을 토대로 문제를 찾아낸다. 시장에서는 특정한 사건들이 반복해서 일어나며, 이런 사건들은 시장의 심리적인 변화를 촉발시킨다. 시장의 변화를 활용해서 거래한다는 것은 어느 한 그룹, 이를테면 매수자 그룹과 다른 한 그룹, 이를테면 매도자 그룹 간의 힘의 변화를 파악하는 것이다. 기술적인 분석은 다양한 사건들이 심리적인 변화에 끼치는 영향을 찾아내려 한다. 기술적인 분석은 변화 자체를 파악하려 애쓴다. 이것은 보다 직접적으로 시장의 변화를 다루는 방식이다.

신시어 : 당신은 그런 변화들을 보면서 주식을 사거나 파는가?

벨레즈 : 그렇다. 우리는 시장에서 일어나는 변화, 특히 심리적인 변화를 알아내려 애쓴다.

신시어 : 기술적인 분석을 사용해 어떤 주식을 살지 결정하는 예를 보여줄 수 있는가?

벨레즈 : 예를 들어 어떤 주식이 3일 내지 5일 동안 계속해서 가격

이 내렸다고 가정해 보자. 우리는 이 주식이 다시 반등을 하는 가격대에 가까워졌다고 느끼게 된다. 그러니까 3~5일 동안 계속해서 가격이 내린 후에, 우리는 이 주식이 지지선을 기반으로 다시 반등할 것을 기대한다. 우리의 매수 전략 가운데 하나는 그 주식이 전날의 고점 위에서 거래되기 시작하면 즉시 주식을 사는 것이다. 이 주식은 3~5일 동안 가격이 내렸을 때 매물을 모두 소화한 것이다. 다시 말해 팔 사람은 모두 팔았고, 이제는 매수자들이 시장을 통제하기 시작하는데, 이것은 그 주식이 5일만에 처음으로 전날의 고점을 돌파한 데서 알 수 있다.

신시어 : 특정한 시점에 당신이나 스윙 거래인들은 평균적으로 얼마나 많은 주식을 관찰해야 한다고 생각하는가?

벨레즈 : 내가 볼 때 사람들이 관찰하는 주식의 수는 그 사람의 능력이나 시장 경험에 따라 정해져야 한다. 당연히 사람들은 경험이 쌓일수록 더 많은 주식을 관찰할 수 있다. 이제 막 시작한 사람들은 당연히 더 적은 수의 주식을 관찰해야 한다. 우리는 사람들에게 처음에는 20~50개의 주식을 보면서 그중에서 사거나 팔 주식을 골라야 한다고 얘기한다. 이 정도의 주식이라면 충분히 세심한 관찰이 가능할 것이다. 주식 보유에 대해서 우리는 사람들에게 한번에 넷 이상의 주식은 보유하지 말 것을 권유한다.

신시어 : 왜 그렇게도 많은 단타 매매자들이 기술적인 분석을 배운

후에도 돈을 잃는 것인가?

벨레즈 : 내가 볼 때 그것은 대부분의 사람들이 사업이건, 투자건, 단타 매매이건 거의 모든 것에서 돈을 잃는 이유와 같다. 내가 볼 때는 단타 매매만이 특별하게 실패의 확률이 높은 것은 아니다.

신시어 : 좀더 자세하게 얘기할 수 있는가?

벨레즈 : 우선 무엇보다, 단타 매매는 상당한 수준의 절제심을 요구하는데, 이것은 다른 식으로 얘기하면 어느 정도의 자기 숙달이 필요하다는 말이다. 어느 정도의 자기 숙달이 필요한 분야라면 무엇이건 늘 실패의 확률이 높을 수밖에 없다. 왜냐하면 대부분의 사람에게는 그와 같은 종류의 절제심이 없기 때문이다. 다른 사업에서도 그렇듯이, 실패의 확률이 높아지는 또 하나의 요인은 적절한 자본의 부족이다. 대부분의 사업은 자본이 부족해서 실패한다. 대부분의 단타 매매자들도 자본이 부족해서 실패한다. 물론 적절한 기술의 부족과 적절한 지식의 부족도 실패의 원인이 된다.

신시어 : 당신은 자기 숙달(self-mastery)을 어떻게 정의하는가?

벨레즈 : 자기 숙달을 한 마디로 표현하면 "무엇을 할 것인지 정확하게 알고 실제로 그것을 끈질기게 수행하는 것"이다. 무엇을 할 것인지 안다고 해서 반드시 그것을 해낸다는 뜻은 아니다. 대부분

의 사람들은 지식이 부족해서 실패하지 않는다. 대부분의 사람들은 절제심이 부족해서 실패한다. 기본적으로, 당신이 시장에서 스스로 유능한 사람이라고 부를 수 있는 시점에 도달하는 데에는 두 가지 장애물이 있다. 첫번째 장애물은 지식이다. 우리는 필요한 지식을 얻어야 한다. 하지만 그런 장애물을 넘은 다음에는 더 큰 장애물을 넘어야만 한다. 그것은 지식을 활용하는 능력이다.

신시어 : 시장에서 성공하는 데 절제심은 얼마나 중요한가?

벨레즈 : 우리는 지난 7년 동안 전세계에서 거래인들을 훈련시켜 왔다. 그런데 실패자들에게는 한 가지 공통점이 있다. 그것은 절제심의 부족이다. 대부분의 그들은 자신들이 왜 실패했는지 알고 있다. 그들에게는 다만 그런 잘못을 막을 수 있는 절제심 내지 자기 숙달이 없었을 뿐이다.

신시어 : 많은 초단타 매매자들은 (스윙 거래인들이 그러듯이) 하루 이상 포지션을 갖는 것은 너무 위험하다고 생각한다. 당신은 어떻게 생각하는가?

벨레즈 : 나는 어떤 형태의 거래가 다른 형태의 거래보다 더 위험하다는 그런 식의 생각에 동의하지 않는다. 자신이 하는 것에 대해 잘 모르면 어떤 것이든 위험하다. 시장에서 어떻게 해야 하는지 안다면, 스윙 거래인들이 그러듯이 하루 이상 포지션을 갖는 것도 장기

투자만큼이나 위험하지 않다. 하지만 구체적인 전략을 제대로 활용하는 지식이 없으면 어떤 형태의 거래든지 위험하다. 시장에서 하는 어떤 게임이든지 구체적인 계획이 없고 잘 마련된 전략이 없으면 도박이나 다름없다.

신시어 : 당신이 위험을 줄이는 구체적인 방식들은 무엇인가?

벨레즈 : 그렇게 하는 한 가지 방식은 목표를 분명하게 세우는 것이다. 특히 우리는 (정신적이건 실제적이건) 손절매나 거래 중단의 수준을 반드시 정하라고 얘기한다. 힘들게 모은 자본을 사용하기 전에 얼마까지 잃을 각오가 되어 있는지 결정해야 한다. 그리고 당신이 감수할 수 있는 최대한의 위험을 알아야만 한다. 그래야만 정리된 마음으로 거래를 할 수 있기 때문이다.

신시어 : 당신은 정신적인 중단을 말하는 것인가, 아니면 실제로 손절매를 한다는 뜻인가?

벨레즈 : 우리가 하는 대부분의 중단은 정신적인 중단이며, 이렇게 하려면 당연히 절제심이 있어야 한다. 그것이 실제적이건 정신적이건, 우리는 중단을 통해 위험을 줄이는 것이 아주 중요하다고 생각한다. 위험을 줄이는 또 하나의 방식은 거래 규모를 바꾸는 것이다. 우리는 어떤 거래가 해볼 만하지만 위험이 높은 거래일 경우에 규모를 줄여서 높은 위험을 상쇄한다. 예를 들어 우리가 대개는 500

주 규모로 거래를 한다면, 이 경우에 우리는 가령 200주까지 낮춰서 위험을 감소시키려 한다.

신시어 : 당신은 사람들이 "이게 바로 그거야"라고 생각하면서 위험을 높이는 것을 본 적이 있는가?

벨레즈 : 그렇다. 우리가 사람들에게 가르치는 또 한 가지는 거래를 할 때는 먼저 최대한의 잠재적인 손실을 생각하고, 그 다음에 잠재적인 수익을 생각하라는 점이다. 대부분의 초보 거래인들은 대개 그 반대로 먼저 수익을 생각한다. 우리는 그들에게 거래가 잘못될 경우에 이만큼의 손실을 입어도 좋다면 잠재적인 수익을 기대해도 좋다고 얘기한다. 우리는 초보자들이 먼저 최악의 시나리오를 생각하도록 가르친다. 일단 그와 같은 최악의 경우를 받아들이면, 그때는 다음 단계로 나아가 잠재적인 수익을 기대해도 괜찮다.

신시어 : 단타 매매자가 되는데는 얼마나 많은 시간이 걸리는가?

벨레즈 : 불과 몇주만에 단타 매매자가 되는 데 필요한 것들을 갖추었는지 판단하는 것은 불가능하다고 생각한다. 그리고 당연히 1년 안에 그렇게 되었는지 아는 것도 가능하지 않다. 여러 다른 종류의 시장 환경에서 다양한 거래를 충분히 경험해야 한다. 승승장구하는 호황 시장에서 몇 개월간 돈을 벌었다고 해서 훌륭한 거래인이 되었다고 얘기할 수는 없다. 경험이 부족하면 시장의 상황이 좋지 않

을 때 잘못된 판단을 내릴 수도 있다.

신시어 : 거래를 할 때 당신이 반드시 지키는 한 가지 규칙이 있다면?

벨레즈 : 내가 반드시 지키는 한 가지 규칙은 주식을 사야 할 이유를 내가 모르는 주식은 절대로 사지 않는 것이다. 나는 이것을 모든 학생들에게 가장 중요한 규칙으로 가르치며, 나 또한 그것을 철칙으로 여긴다. 가령 어떤 주식을 사는 데 필요한 다섯 가지 지표나 이유가 있다고 하자. 만일 내가 그런 이유가 아닌 다른 이유로 그 주식을 산다면, 나는 도박을 하는 것이다.

신시어 : 좀더 구체적으로 얘기해줄 수 있는가?

벨레즈 : 먼저, 사는 이유가 아닌 것부터 얘기하겠다. 전광판에 빨간색이 많기 때문에 주식을 사거나 가격이 빠르게 오른다는 이유만으로 주식을 사는 것은 현명한 방법이 아니다. 그런 것은 감정적인 매수로서, 거래라기보다는 도박에 가까운 것이다. 이런 것은 주식을 사는 이유가 될 수 없다. 예를 들어 내가 어떤 주식을 사는 한 가지 이유는 그 주식의 가격이 전날의 고점보다 높기 때문일 수도 있다. 그럴 때 나는 그 주식을 산다. 그렇지 않고 다른 이유 때문에 주식을 산다면, 바로 그때 나는 내가 모르는 이유로 주식을 사는 것이고, 그것은 도박을 하는 것이다.

신시어 : 하지만 전광판에 빨간색이 많다면, 그 주식은 당연히 가격이 오르거나 거래량이 늘어난다는 뜻이 아닌가? 그렇다면 그런 주식은 사야 하지 않는가?

벨레즈 : 그렇지 않다. 오히려 그것은 주식을 팔아야 할 이유가 될 수도 있다. 이미 많은 사람이 그 주식을 샀다면, 앞으로 또 누가 그 주식을 사겠는가? 단타 매매자들은 흔히 그런 식으로 잘못된 생각을 한다. 그러니까 빨간색이면 사고 파란색이면 파는 것이다. 하지만 이것은 상당히 우스운 생각이다. 때로는 사는 것이 적절한 시점에 우연히 빨간색이 많을 수도 있다. 하지만 단순히 빨간색이나 파란색이 많다고 해서, 혹은 주가의 단기적인 변화가 좋다고 해서 주식을 사는 것은 도박에 가까운 것이다. 이것은 현명한 거래 방법이 아니다.

신시어 : 당신은 어떻게 손절매를 하는가? 당신이 사용하는 어떤 공식이 있는가?

벨레즈 : 그렇다. 우리는 다양한 공식을 사용한다. 우리가 처음으로 손절매를 하는 시점은 다음과 같이 얘기할 때이다. 즉 "그래, 오늘은 이만큼의 위험을 감수하겠다." 우리에게 이것은 대개 스윙 거래인 경우에 전날의 저점 밑으로 떨어질 때이다. 우리는 화요일에 거래를 할 때 월요일의 저점 밑으로 주가가 떨어지지 않기를 기대한다. 우리는 대개 오늘 거래를 할 때 전날의 저점 밑으로 주가가 떨

어지면 손절매를 한다. 그리고 주가가 오르기 시작하면 거래 중단의 수준을 높여나간다. 그렇게 이틀 동안 기다린 후에 우리는 정해놓은 수준에 도달하면 주식을 판다. 손절매의 기준은 늘 하루 전의 저점이 된다. 목요일에는 수요일의 저점이 기준이고, 금요일에는 목요일의 저점이 기준이다. 이틀 이상 거래를 했는데 가격이 떨어질 때 손절매를 못하거나 목표를 달성하지 못할 때는 시간을 기준으로 게임을 끝낼 수도 있다.

신시어 : 당신이 갖고 있는 주식이 아침에 갑자기 떨어질 때 당신이 사용하는 기법은 무엇인가?

벨레즈 : 첫째, 우리는 적어도 5분 동안 그 주식이 거래되는 것을 지켜본다. 그렇게 일단 5분이 지나면, 우리는 그날의 저점을 결정한다. 그 5분이 지난 후에 주가가 그날의 저점 밑으로 떨어지면, 우리는 보유 주식의 절반을 매도한다. 그리고는 나머지 절반으로 다음 30분 동안 거래되는 것을 지켜본다. 그렇게 30분이 지난 후에 우리는 이렇게 묻는다. "이제 오늘의 저점은 어디인가?" 그런 후에 우리는 손절매의 기준을 정한다. 만일 그렇게 30분이 지난 후에 주가가 다시 저점을 갱신한다면, 우리는 나머지도 모두 판다. 이렇게 하면 겁에 질린 사람들이 모두 주식을 팔 때까지 기다릴 수 있다. 백기를 드는 사람들은 대개 거래의 첫 30분 동안 그렇게 하는 경향이 있다. 일단 그들이 가고 나면, 많은 경우에 주가는 다시 오르게 되고 당신은 손실을 줄일 수 있게 된다.

신시어 : 당신은 이기는 거래에서 언제 수익을 실현하는가?

벨레즈 : 우리는 기술적인 접근법을 사용하기 때문에 몇 가지 수익 목표를 갖고 있다. 예를 들어 우리는 매번 2포인트의 주가 변동이 있은 후에 주식을 조금씩 매도한다. 우리는 주가가 매번 오를 때마다 가격이 다시 내릴 것이라고 생각한다. 고점에 도달하면 보유 주식은 거의 없어야 하며, 그래서 주가가 오를 때마다 조금씩 주식을 판다. 우리는 임의적으로 2포인트의 순차적인 매도 방식을 사용한다. 우리는 또 차트에서 나타나는 이전의 지지선과 저항선에 바탕한 다른 목표들도 갖고 있다.

신시어 : 당신은 주말에 주식을 보유하는가?

벨레즈 : 우리는 주말에 주식을 보유하는 것에 대해 아주 조심해야 하지만, 때로는 주말에도 주식을 보유한다. 하지만 우리는 금요일에 주식을 사서 주말에 보유하는 경우에는 약간 더 높아진 위험을 상쇄하기 위해 주식의 크기를 줄인다.

신시어 : 스윙 거래에 대한 한 가지 비판은 신용으로 거래하는 것은 현명치 못하다는 주장이다.

벨레즈 : 신용 거래는 다른 모든 도구들과 같다. 즉, 그것은 제대로만 사용하면 도움이 되는 것이다. 그것은 이를테면 칼과 같은 것이

다. 능숙한 주방장이 사용하는 칼은 예쁘게 고기를 썰어낼 수 있다. 하지만 그것을 어린아이가 사용하면 위험한 결과를 초래할 수 있다.

신시어 : 그동안에 많은 사람들이 초단타 매매를 시작했다. 당신은 그것을 어떻게 보는가?

벨레즈 : 초단타 매매는 아무나 할 수 있는 것이 아니다. 그것은 소수의 사람들만 할 수 있는 것이다. 사람들은 그런 게임을 하는 데 필요한 심리적, 감정적 자질이 있는지 판단해야 한다. 우리는 시장에 접근하는 세 가지 방식을 가르친다. 우리는 스윙 거래의 측면에서 시장을 공격하는데, 이것은 2~5일간의 시간대로 거래하는 것이다. 또 다른 방식은 우리가 게릴라 거래라고 부르는 것으로서, 이것은 하루 내지 이틀의 시간대로 거래하는 방식이다. 이를테면 월요일에 사서 화요일에 팔고, 화요일에 사서 수요일에 파는 것이다. 세번째 방식은 초단타 매매인데, 이것은 월요일에 사서 월요일에 파는 것이다. 우리가 볼 때 최고의 거래인, 능숙한 거래인들은 절대로 한 가지 방식만을 고집하지 않는다. 그들은 필요에 따라 몇 가지 방식을 혼용한다. 때로는 스윙 거래가 더 나을 경우도 있고, 때로는 초단타 매매 방식이 덜 위험할 수도 있다. 한 가지 방식만을 고집하는 거래인은 추가 수익이나 위험 감소의 능력을 스스로 제한하는 것이다.

신시어 : 그러니까 절제심을 갖고 시장의 상황에 맞게 탄력성을 가

져라. 왜냐하면 시장이 어떻게 될지 모르니까….

벨레즈 : 그렇다. 어떤 때는 스윙 거래보다 단타 매매를 더 많이 하고, 어떤 때는 거의 전적으로 스윙 거래만을 할 수도 있다.

신시어 : 당신은 사람들에게 정교한 장비를 사용하도록 가르치는 것으로 알고 있다. 성공하려면 가장 최신의 장비를 사용해야 하는가?

벨레즈 : 스윙 거래를 하는 데 최고의 장비가 필요한 것은 아니다. 물론 그런 것이 있으면 도움은 되겠지만, 반드시 있어야 하는 것은 아니다. 우리는 사람들이 두 종류의 계좌를 갖도록 권유한다. 하나는 스윙 거래를 위한 계좌이고, 다른 하나는 게릴라 거래와 초단타 매매를 위한 계좌이다. 스윙 거래를 위한 계좌는 아주 기본적인 온라인 계좌여도 좋다. 그러나 초단타 매매와 게릴라 거래를 하려면 성능이 좋은 고급 기종을 사용해야 빠르게 효율적으로 시장을 드나드는 데 필요한 그 모든 신호들을 제대로 포착할 수 있다.

신시어 : 보다 개인적인 관점에서, 당신이 거래를 하는 동안 저지른 가장 큰 실수는 무엇인가?

벨레즈 : 내가 저지른 가장 큰 실수는 아주 짧은 기간에 가격이 엄청나게 오른 주식을 공매도한 것이다. 나는 그 주식이 이틀 동안에 225포인트나 오른 후에 더 이상 오를 수는 없다고 추정하는 실수를

저질렀다.

신시어 : 하지만 어떻게 그럴 수 있었는가? 당신은 자기 자신의 자료를 무시했는가?

벨레즈 : 바로 그거였다. 사실 모든 실수는 원칙을 무시하는 데서 비롯된다. 그렇지 않다면 실수는 나오지 않는다. 내가 실수라고 부르는 것은 기본적으로 스스로 정한 원칙을 깨는 것이다.

신시어 : 당신은 주식을 사거나 팔 때 펀더멘탈 자료를 사용하는가?

벨레즈 : 그렇지는 않다. 궁극적으로, 단기적인 거래에서는 회사를 사는 것이 아니다. 우리는 사람들의 심리를 사거나 판다.

신시어 : 더 자세히 설명할 수 있는가?

벨레즈 : 당신이 살 때마다 누군가 당신에게 주식을 판다. 당신이 팔 때마다 누군가 그 주식을 당신에게서 산다. 주식은 크게 두 가지 감정 때문에 움직인다. 그것은 '두려움'과 '욕심'이다. 그리고 이와 같은 감정은 사람들에게서 나온다. 따라서 거래에서 수익을 올리려면 정보가 부족한 두 그룹의 시장 참여자들을 찾아내는 능력이 필요하다. 첫번째 그룹은, 당신이 너무 싸다고 생각하는 가격에 자신들의 상품을 기꺼이 포기하려는 사람들이다. 두번째 그룹은 당신이

너무 비싸다고 생각하는 가격에 당신의 상품을 기꺼이 사는 사람들이다. 거래인은 주식을 거래하지 않는다. 거래인은 사람들의 심리를 거래한다. 이것은 우리가 새로 학생들을 맞을 때마다 가르치는 가장 기본적인 것의 하나이다.

신시어 : 그들이 누구인지 차트가 나타내주지 않는가?

벨레즈 : 차트를 제대로 해석하면 거래인은 그런 사람들을 찾아낼 수 있다. 예를 들어 3일이나 5일 동안 계속해서 가격이 하락하는 패턴은 이미 상당한 정도의 매도가 일어났음을 알려준다. 그런 기간이 지난 후에 백기를 드는 사람들은 기본적으로 퇴장이 늦은 것이다. 이런 사람들은 싼 가격에 주식을 처분하는 그룹에 속한다. 그리고 우리는 당연히 가격이 다시 오를 때 또 다른 그룹을 찾는다. 이번에는 우리가 느끼기에 너무 비싼 가격인데도 우리가 갖고 있는 상품을 기꺼이 사겠다는 사람들이다.

신시어 : 그러니까 먼저 사람들의 심리를 거래하는 것임을 알고, 이어서 그것을 차트에 적용시킨다는 말인가?

벨레즈 : 바로 그거다. 사실은 주식이 아니라 사람들의 심리를 거래한다는 인식으로 이 모든 게임에 접근한다면, 당신은 제대로 보기 시작한다. 당신은 이렇게 얘기한다. "그래, 나는 고통을 찾고 있다. 그리고 이제는 그런 고통이 사라질 때를 기다리고 있다." 무슨 말

인가 하면, 그동안 3~4일, 혹은 5일 동안 고통이 계속되었다. 이제는 고통은 사라지는 것 같고, 처음으로 다시 욕심이 시장에 들어오는 신호들이 보인다. 바로 그때 나는 치고 들어가는 것이다. 그때는 바로 욕심이나 두려움이 변하는 때이다. 한 사나흘 정도 두려움에 의한 고통이 계속되고 나면, 이제는 두려움이 욕심으로 변한다. 나는 그때 시장에 들어간다.

신시어 : 어느 면에서 당신은 차트는 거짓말을 하지 않는다고 말하는 것 같다.

벨레즈 : 실제로 차트는 거짓말을 하지 않는다. 차트는 거짓말을 할 수가 없다. 차트는 사실을 보여준다. 차트는 사람들이 돈을 넣는 곳을 가리킨다. 어떤 대표이사가 TV에 나와서 자신의 회사에 대해 좋은 말을 하는 동안에도 주가는 떨어질 수 있다. 그리고 차트는 바로 그런 현상을 정확하게 나타낸다. 누군가 20달러에 주식을 사면, 그것은 곧바로 차트에 나타난다. 누군가 살 것이라고 말한 후에 사지 않으면, 그것도 차트에 나타난다. 사람들은 차트를 잘못 해석할 수 있지만, 차트 자체는 거짓말을 하지 않는다.

신시어 : 하루 중에서 더 좋은 때가 있는가?

벨레즈 : 그렇다고 할 수 있다. 우리는 하루를 크게 세 부분으로 나눈다. 그중에서 가장 첫번째 기간은 장이 열리는 시간부터 대략 오

전 11시 15분까지이다. 다음에는 11시 15분부터 오후 2시 15분까지인데, 우리는 이 기간을 한낮의 따분한 시기, 혹은 블랙홀 시기라고 부른다. 바로 이 기간에 많은 단타 매매자들은 오전에 벌어두었던 수익을 모두 잃기도 한다. 이때는 대개 시장이 나른해지고 약간 더 불확실해지는 경향이 있다. 오후 2시 15분이 지나면 시장은 다시 활기를 띠고, 많은 경우에 장 초반에 시작되었던 추세가 계속된다. 그래서 하루 중에서 중간 시간대에는 거래를 않는 것이 좋다. 그리고 가장 달콤한 시기는 첫번째와 세번째 기간이다.

신시어 : 왜 그런 차이가 생기는가?

벨레즈 : 나는 더 멋진 대답을 하고 싶지만, 가운데의 느슨한 시간대에는 사람들이 점심 먹으러 가기 때문에 그러하다. 이 시기에는 시장 조성자들과 전담자들이 아무 권한도 없는 신참 전담자들과 시장 조성가들에게 주식을 넘긴다. 이들의 임무는 그냥 시장을 유지하는 것에 불과하다. 그래서 이들은 많은 거래를 하지 않는다. 고참들은 신참들에게 무언가 극적인 일이 일어나면 핸드폰으로 전화를 하라고 얘기한다.

신시어 : 시간 외 거래는 어떠한가?

벨레즈 : 내가 볼 때 그것은 궁극적으로 아주 좋은 시기, 꼭 필요한 시기인 것 같다. 시장에 접근하는 권리는 모두를 위한 것이다. 시

장의 주인은 사람들이며, 직장에서 일하는 사람들도 시장에 참여할 권리가 있다. 그것은 분명히 시장에 영향을 끼칠 것이다.

신시어 : 당신은 나이스(NYSE)와 나스닥(NASDAQ) 중에서 어떤 주식을 더 좋아하는가?

벨레즈 : 나는 나스닥의 주식들을 더 좋아한다. 왜냐하면 그것은 완전히 전자적인 주식들이기 때문이다. 나는 특히 지난 일년 반 동안에 나이스의 주식들은 퍼짐(spread)이 점점 더 커지는 것을 알게 되었다. 반면에 나스닥의 주식들은 그것이 엄청나게 줄어들었다. 나스닥의 주식들은 훨씬 더 효율적이 되었고, 나이스의 주식들은 오히려 정반대가 되었다. 내가 볼 때는 나스닥의 주식들이 거래하기에 더 좋다.

신시어 : 당신이 좋아하는 업종은 어떤 것인가?

벨레즈 : 일반적으로 말해서, 변동성을 활용하려면 신기술 업종을 거래해야 한다. 하지만 밤에 분석해본 결과 다른 업종에서 기회를 찾는다면, 그때는 그 업종을 거래한다.

신시어 : 당신은 거래할 때 일간 혹은 주간 수익 목표를 세우는가?

벨레즈 : 수익 목표를 세우는 것은 처음 시작할 때 아주 중요한 것이

다. 그렇지만 많은 경험을 쌓게 되면 스스로 자신의 한계를 정할 필요가 없다. 나도 한때는 생활을 유지하기 위해 하루에 1만5천 달러를 넘을 수가 없었다. 나는 1만5천 달러에 도달하면 거의 언제나 수익을 잃곤 했다. 나는 그 목표에 도달하면 심리적 한계에 다다르곤 했다. 나는 더 이상 나아갈 의욕을 잃곤 했다. 그래서 수익 목표는 일종의 도구로써, 그것은 훈련 바퀴와 비슷한 것이다. 그와 같은 훈련 바퀴를 넘어서게 되면, 그때는 현금의 양이 중요하지 않다. 다시 말하면, 현금의 양은 부차적인 것이 된다. 이제는 거래를 할 때마다 완벽한 거래를 하는 것이 목표가 된다.

신시어 : 그밖에 거래인들이 추구해야 할 다른 목표는 무엇인가?

벨레즈 : 많은 사람들이 이런 게임에 들어오면서, 첫번째 목표는 돈을 버는 것이라고 생각한다. 아니다. 당신의 첫번째 목표는 적게 잃는 것이다. 두번째 목표는 본전을 유지하는 것이다. 궁극적인 목표는 지속적인 수익성으로 이동하는 것이다. 하지만 아쉽게도 사람들은 잘못된 생각을 하면서 거래에 뛰어든다. 우리는 사람들에게 전문적인 거래는 잃는 법을 배우는 것이지 이기는 주식을 고르는 것은 아니라고 가르친다. 내 딸도 이기는 주식은 고를 수 있다. 이기는 주식은 스스로 수익을 낸다. 하지만 어떤 사람이 나에게 자신의 기록을 보여주는데 오랜 기간에 걸쳐 작은 손실들이 보인다면, 나는 전문가를 보고 있는 것이다. 지속적으로 작은 손실을 기록하는 데는 기술이 필요하다.

신시어 : 당신이 특히 많이 사용하는 기술적 지표는 무엇인가?

벨레즈 : 우리의 접근법은 기술적인 접근법이다. 하지만 그것은 전적으로 가격과 거래량에 의존한다. 우리는 가격에 의존해 이미 거래하기로 결정한 것을 확인 차원에서 지표들을 사용한다. 예를 들면 나는 ABC 회사의 주식을 가격에만 의존해 40달러가 넘으면 사겠다고 결정할 수 있다. 이 주식이 40달러 이상으로 거래되는 힘과 능력을 보이고 내 지표들 가운데 하나도 그렇게 될 수 있음을 보여줄 때, 나는 확인하기 위한 수단으로써 그 지표를 사용한다.

신시어 : 당신은 상대적인 힘을 보는가?

벨레즈 : 우리가 궁극적으로 찾으려는 주식은 상당히 강한 힘을 갖고 있는 주식이다. 다소 간접적인 방식으로, 이것은 군중이 어디에 있는가를 찾아내는 것이다. 군중은 어디에 있는가, 그들의 관심은 어디에 있는가? 나는 그런 곳에 들어가려 한다. 내가 볼 때는 바로 그런 것이 상대적인 힘이다.

신시어 : 당신은 손해를 볼 때 물타기를 한 적이 있는가?

벨레즈 : 대체적으로는 그렇지 않다. 하지만 모든 것이 그렇듯이, 우리도 때로는 물타기를 할 수 있다. 물론 초단타 매매를 할 때는 절대로 물타기를 하지 않는다. 그럴 때는 즉시 수익을 내야 하며,

그렇지 않으면 처음부터 잘못 들어간 것이다. 단타 매매에서는 시간이 적이다. 우리는 아주 세심하게 들어갈 시간을 정하고, 몇초만에 수익이 나지 않으면 즉시 게임에서 빠져나온다.

신시어 : 스윙 거래에 대해서는 어떠한가?

벨레즈 : 스윙 거래는 그와 다르다. 스윙 거래를 할 때는 반드시 즉각적인 수익을 목표로 삼지 않는다. 대개의 경우 나는 다음날에 수익을 올리려고 기대한다. 첫날은 입장을 하는 날이다. 올바른 거래를 한다면, 많은 경우에 나는 다음날부터 수익을 올리기 시작하고, 그 다음날에는 더 많은 수익을 올린다.

신시어 : 당신은 거래 일지를 적는가?

벨레즈 : 나는 몇년 동안 그렇게 하고 있다. 나는 내가 하는 모든 실수를 분석한다. 나는 각각의 실수에 한 쪽을 할애하고, 정확하게 어떤 일이 일어났는지 기록한다. 나는 왜 그렇게 했는지 알아내려 애쓰면서, 다음에는 그런 실수를 하지 않도록 규칙을 정한다. 그러다가 한두 달쯤 지난 후에 그런 실수를 다시 했는지 검토한다.

신시어 : 다른 사람들도 그렇게 해야 한다고 생각하는가?

벨레즈 : 물론이다. 일지를 적으면 큰 도움을 얻을 수 있다. 당신은

점점 더 발전할 수 있다. 어떤 것은 자꾸 반복해서 일어나는 경향이 있다. 그래서 나는 시간이 지난 후에 실수를 다시 검토한다. 그렇게 하면 실수를 반복하지 않을 수 있고 많은 배움을 얻을 수 있다. 전문적으로 거래를 하려는 사람은 반드시 일지를 기록해야 한다. 내가 아는 한 일지보다 더 좋은 도구는 없다.

4

결론 : 생각의 정리

Conclusion

Conclusion

Four

결론 : 생각의 정리

이제 당신은 이 책의 끝까지 왔으므로, 우리는 그동안 당신에게 가르친 것을 충분히 활용해 자신과 가족을 위한 재산 형성에 도움이 되기를 바란다. 돈을 버는 것은 비록 중요한 목표이긴 해도 전부는 아니다. 돈은 목적을 위한 수단에 불과함을 늘 잊지 말아야 한다. 돈은 당신이 원하는 삶을 자유롭게 선택하도록 해줄 뿐이다. 우리가 볼 때 돈이 얼마나 많으냐보다 더 중요한 것은 돈에 대한 당신의 자세이다. 어쨌거나 돈은 있다가도 없는 것이지만, 돈에 대한 당신의 자세는 평생 동안 당신과 함께 있는 것이다. 올바른 자세만 갖고 있다면 재산 증식의 기회를 찾아낼 때 절대로 당황하지 않을 것이다.

우리가 아는 사람들 중에는 겨우 생활을 할 만큼의 돈밖에 없는 사람들이 있다. 우리가 그들에게 주식에 대한 투자는 수입을 늘리는 아주 좋은 방법이라고 설명할 때, 그들은 콧방귀를 뀌곤 한다. 이들은 주식 시장이란 부자를 더 부자로 만드는 도박장에 불과하다고 생각한다. 우리의 금융 시스템에 대한 이들의 부정적인 태도는 금전적으로 안정될 수 있는 기회를 앗아간다. 당신은 살아 생전 절대로 돈을 모을 수가 없다고 믿을 때 스스로 그와 같은 예언의 희생자가 된다. 어떤 단계들을 거쳐야 변할 수 있는지 확신하지 못한다면, 먼저 자신을 믿는 것부터 시작해야 한다. 우리가 늘 놀라는 것은, 세상에서 가장 성공한 일부 인사들은 자신들이 달성하려는 것을 믿고 그것을 행동으로 뒷받침한다. 당신도 주식 시장에서 돈을 벌고 싶다면 그렇게 되도록 하라. 그것은 쉽지 않을 것이지만 가능한 것이다. 그 어느 것도 당신의 금전적인 목표로 가는 길에 방해가 되지 말게 하라.

주식을 거래하는 것이 아니라 사람들의 심리를 거래하는 것이라고 얘기한 올리버 벨레즈의 말은 옳은 것이다. 주식 시장에는 온갖 종류의 사람들이 모여들며, 그들은 들어왔을 때보다 나갈 때 더 많은 돈을 갖겠다는 희망과 소망을 갖고 있다. 많은 사람들의 포트폴리오를 망치는 그 심리적인 장벽들을 넘어 수익을 높이는 데 집중할 수 있다면, 당신도 이 게임에서 이길 수 있다. 그동안 평균적인 소득의 수많은 사람들이 시장에서 큰돈을 버는 것은 가능함을 입증했다. 관심을 기울이고, 열심히 노력하고, 주식 시장에 대해 배우는 것을 멈추지 않는다면, 그 어느 것도 당신이 꿈꾸었던 것보다 더 많은 돈을 버는데 장애물이 되지 않을 것이다.